익숙함을 지워가는 시간

익숙함을 지워가는 시간

2020년 11월 9일 초판 1쇄 발행
2020년 11월 9일 초판 1쇄 인쇄

지은이 | 차현주, 정여진, 홍혜미, 안소연, 정혜원

인쇄 | 아레스트 (s-lin@hanmail.net)
표지 | studio GRIME (ceo@studiogrime.com)

펴낸이 | 이장우
펴낸곳 | 꿈공장 플러스
출판등록 | 제 406-2017-000160호
주소 | 서울시 성북구 보국문로 16가길 43-20 꿈공장빌딩1층
전화 | 010-4679-2734
팩스 | 031-624-4527
이메일 | ceo@dreambooks.kr
홈페이지 | www.dreambooks.kr
인스타그램 | @dreambooks.ceo

ⓒ 차현주, 정여진, 홍혜미, 안소연, 정혜원 2020

잘못 만든 책은 구입하신 서점에서 바꾸어 드립니다.

꿈공장+ 출판사는 모든 작가님들의 꿈을 응원합니다.
꿈공장+ 출판사는 꿈을 포기하지 않는 당신 곁에 늘 함께하겠습니다.

이 책은 저작권법에 의해 보호받는 저작물이므로 무단전재와 무단복제를 금합니다.

ISBN | 979-11-89129-74-3

정 가 | 13,000원

익숙함을
지워가는 시간

차현주

본격적으로 시를 써보겠다고 생각하면서
저는 하루를 덤으로 얻은 기분이 자주 듭니다

세상은 생각보다 많은 좌절과 고통,
뜻하지 않은 행복과
또 보이지 않는 역동들로 움직이고 있었습니다
그것들을 천천히 바라보고 느끼고
시어로 펼쳐보면서
하루를 더 자세히 보게 됐습니다

시를 쓰면서
제 안의 무수한 감정들이 보입니다
다른 사람의 아픔과 슬픔도 들립니다
일상적인 풍경도 끊임없이 제게 말을 겁니다
무엇보다 저는 삶을 더 사랑하게 됐습니다

보지 않고 듣지 못했던 하루의 모습들이
제게 새롭게 다가오고 있습니다

그래서 오늘도 저의 하루에 고맙습니다.

〈하루치의 무심함이 너를 떠나보냈다〉

하루 16   어디 갔나 17   봄의 끝에서 18   검은 눈으로 19
밥그릇 20   수건 개기 22   부끄러움 23   그런 날이 있다 24
그림자 26   까마귀의 맨발 27   강아지풀 28   도둑비 29
이별은 그런 것이다 30   마음 한가득 꽃물 들면 31
사랑이라는 말은 32   안기다 33   비겁한 두 발 34
말해야 합니다 36   낮춰 앉다 37   엄마의 돋보기 38
달빛에 등돌려 울지 말아 39   버리지 못하는 나의 그림자여 40
나는 매일 죽어야 한다 42   점 44   온 힘 다해 45
석양 46   열심히 걷는다 48   약한 것은 아름답다 49
어둠은 앞다투어 50   네가 찾은 기적 52   여명 53
나 흔들리는 것은 54

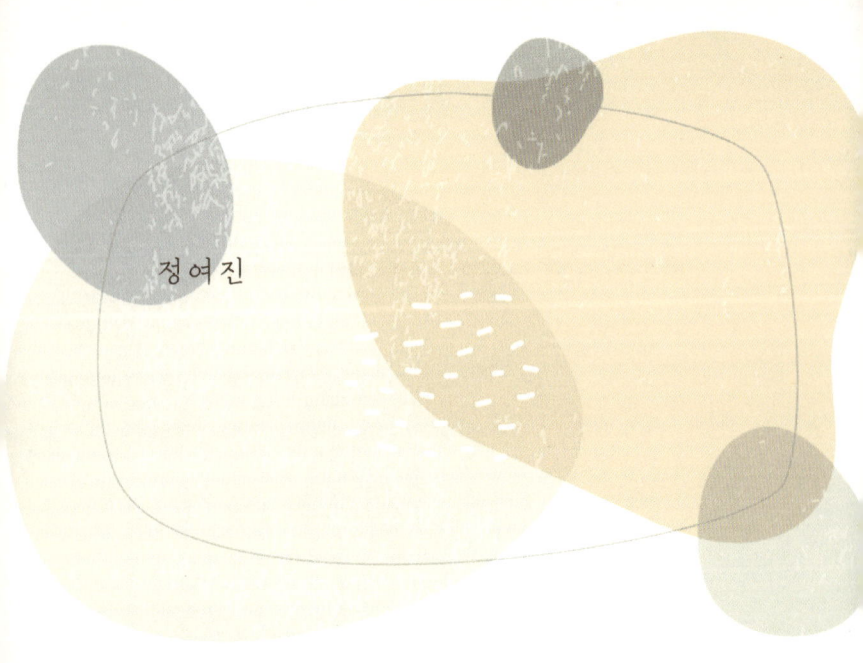

정여진

나는 글을 키운다
애정을 주면 살아나고 노력을 주면 빛이 난다
조심스레 나의 생각을 함께 심었는데
새싹이 조그맣게 얼굴을 내밀었다
그때 받은 감동은 내게 꿈을 주었고
그때 얻은 용기는 꿈의 시작이 되었다
나의 꿈이 헛된 꿈이 아니길 바란다

그래서 난 항상 말한다

글아, 예쁘게 피어올라라
모든 사람의 마음에 닿을 때까지.

〈내 옆은 항상 네가 있어서〉

돛단배 58 모닥불 59 현재의 나 60 사랑 62
틈 63 당신은 어디쯤에서 울었을까 64 친구 65
시작의 출발점에서 66 달 68 서로의 그늘 69
사계절 70 그대 향해 71 아침 72 아름다운 존재 74
자장가 75 도전 76 거리 77 감사 78 목마 79
촛대 80 고마운 손짓 82 부모님 83 빛줄기처럼 84
바다 앞에 서는 이유 85 너의 노래 86 힘 87
부탁 88 음악 90 빛에 가려진 너를 위해 91
밤의 빗소리 92 미워하고 미워해도 93
가을 속 책갈피 94 편안한 숨 95 꽃 96 기억 97

홍혜미

누르지 못한 슬픔, 자를 수 없던 눈물로
가끔 살아낼 수 없어서 때론 살아가고 싶어서
혼자 부르고 혼자 들었던 밤의 노래
여러 물결 속에 흐르고 흘러온 시와 문장들을
이제 당신이 있는 그곳으로 흘려보냅니다

이 가을,
당신에게 다가올 빛의 시작과 끝에서도
부디 이 시집으로
당신의 가을이 안녕하기를

〈 빛과 어둠으로 다가오는 것들 〉

To. 내가 아는 그대에게 100　스쳐가는 바람에도 1 101
그 별은 그대의 102　슬픈 시가 되어 103　흔한 거짓말 104
울고 있어도 밤은 오고 105　문득, 그대였습니다 106
묻고 싶은 밤, 듣지 못할 말 108　밤, 그대 109
애쓰지 않아도 110　나의 슬픔이 꽃을 피울 때 111
스쳐가는 바람에도 2 112　너라는 꽃이 되어 113
봄을 만나는 건 114　소녀를 만나다 115　걷다 보니 사랑이었네 116
우리는 숲을 거닐고 지금도 사랑을 하지 117
그대가 있기에 118　지나가는 오후에도 지나가지 않는 사람 119
우리의 밤이 길고 깊은 이유 120　눈물로 자라는 꽃이 있다 121
기억과 기억 사이 122　나를 호명하지 마세요 123
아무것도 아닌 듯 아무렇지 않게 124　비가 되어 내리는 이름들 125
두 번의 안녕 126　오늘은 오늘을 127　흐르지 않는 마음이라 128
작은 빛으로 오늘을 살았다 129　까만 밤을 마주한다는 건 130
불면을 부르는 말들은 어둠 속에 자라나고 131
우리가 이별을 말한다면 132　그대가 떠올라 가을이라 했습니다 133
달, 별 그리고 134　이해할 수 있는 밤 135　네가 지나간 자리 136
그래서 그립고 그렇게 그립다 137　우리의 계절이 오면 138
살아간다는 건 139

안소연

매일 처음 겪어내는 것들 사이에서
우리는 서툴고 부족함이 많지만
작은 것 하나에도 애쓰며
의미 있는 삶을 살아가고 있습니다.

살아가는 길목마다 피어나는
무거우면서 가볍기도 한 고민들을
함께 공감하며 위로해 주고 싶습니다.

이 시집으로
하루의 끝 어두운 밤이 찾아올 때
당신의 창문으로 찾아가겠습니다.
그리고 달빛 같은 은은한 조명 아래
포근한 침대맡에서
당신을 기다리고 있겠습니다.

이 글들이 당신의 손에 그리고
당신의 마음 깊이 닿기를 바라면서.

〈달빛이 남아있는 밤하늘에 쓰는 편지〉

온통 너로 물들어져 있었다 142   당신에게 바치는 고백 143
당신의 손길에 숨결에 144   시려움이 아닌 그대 온기 145
그날 그곳에 우리 146   이 밤 당신과 오래도록 147
당신은 밀물처럼 148   너에게 전하고 싶어 149
당신 마음 다 가지려면 150   잊지 않기로 해요 151
찰나의 순간 152   밤하늘에 보내는 편지 153   꽃잎 하나에 154
눈을 감아도 보이는 너 155   나 이제 너를 156
문득 그리워질 때 157   이별의 끝을 놓지 못하고 158
청보리 스치는 소리가 들려올 때 159   너의 목소리 160
예고 없이 161   꽃아, 이대로 지지 말아다오 162
작은 돌멩이 하나에 163   가로등 불빛 아래에서 164
널 찾으러 올게 165   혼자 길을 걷는 것 166
시간 사이의 빈틈 167   호숫가에서 168   선인장 169
외로운 밤 170   학교 앞 문방구 171   빈 방 172
애쓰고 있는 너에게 173   그 길의 중심에서 174
가을 오후의 산책 176   의미 있는 삶 177   안갯속 미로 178
나 너에게 주고 싶은 것들 180   마중 181

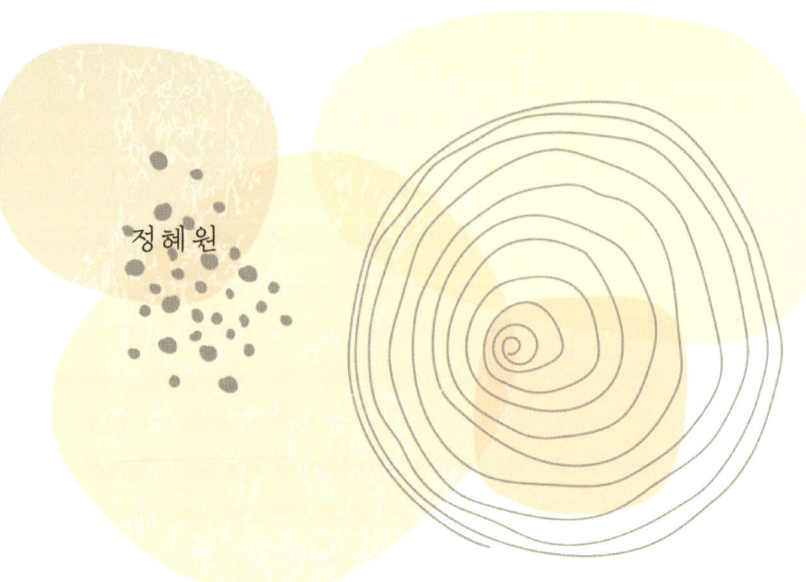

정혜원

마음이 행복하다는 건
어떤 의미일까.

행복을 원하면서
우리는 불행을 얘기한다.

살아 있음으로
우리에게 주어지는 것들
죽음 그 이후에는
더 이상 누릴 수 없는 것들

죽고 싶을 만큼 힘들겠지만
살아 있기에 가능한 모든 것

오늘도 살아줘서 참 고마울 따름이다.

〈오늘도 살아줘서 고마워〉

너와 나 사이 184   복 185   선택과 후회 186
내비게이션이 필요해 187   사랑만이 188
흐림 뒤 맑음 189   숨 190   떠나자 , 함께 191
저 푸른 초원의 그림 같은 집이 아녀도 192
너와 함께라면 193   너를 기다리며 194
처음처럼 널 사랑해 195   사랑 196   하루살이 197
별들의 행진 198   소중한 너(사실은 나에게 하고픈 말) 199
자화상 200   사필귀정 201   당당하게 걸어가요 202
무심 203   우리는 204   삶이라는 선물 205
죽지 못해 살진 않나요 206   Love myself 207   무소유 208
모든 별들에게 209   현실과 이상 210   Identity 211
산다는 건 212   태어난 이유 213   무지개 214   열등감 215
바람 216   호접지몽 217   안 되는 것도 되는 거야 218
사랑한day 219   동생에게 220   Suddenly 221
지치고 힘든 날 222   오늘도 살아줘서 고마워 223

하루치의 무심함이
너를 떠나보냈다

차현주

시인의
말

산을 오르며
갈대를 보았습니다

바람에 끊임없이 나자빠지는
여린 줄기들

시간 앞에 우리도 속수무책으로
흔들리곤 합니다

그렇지만 바람 없이 홀로 서 있다면
얼마나 외로울지
함께 흔들리는 동료가 있어
얼마나 감사한지

제 시가 당신의 고된 하루에 사랑을,
잠을 청할 용기를,
그리고 온기를 전해주었으면 합니다.

하루

열흘에 구할을 풍족히 벌어도
하루 일당을 잃어
널 위한 꽃한송이 주지 못한 게 마음에 맺힌다

하루 몫의 사랑을 네게 주지 못해
나머지 아흔 아홉 날 가슴이 저민다

초봄 한 달을 어여쁘게 바라보다
하루 다급함에 밟고 지나간 꽃밭은
그 자리만 봄 모르는 민둥산이 되었다

하루치의 무심함은
꽃을 키워내지 않았고
너를 떠나보냈다

단 하루
너에게 소홀했던
그 하루로 널 잃었으니
남은 날이 봄인들 흔한 꽃향기 맡을 수 있을까

어디 갔나

청춘의 입구에서 불던 피리소리는 어디갔는가

겨우내 내리는 눈발에 코 찡긋하며
혀로 날름 받아먹던 유년기는,

오직 뜨거움으로 달궈진 마음에
혹시 그대 데일까
고이 다독여 그저 뒷짐지고 바라보던 짝사랑은
어느결에 사라졌나

아부지가 퇴근길에 사오셨던 묵직한 하모니카는
아직 서랍 구석에 잠들어 있는데

유난히 발에 돌부리 차이는 날
나는 바위처럼 단단해지려다
돌처럼 무심해질까 두렵기만 하다

봄의 끝에서

간밤 잔뜩 웅크린 슬픔이 나무에 맺혔다,

떨어진다

이파리 끝에 단단히 붙들어 맨 눈물 하나
정수리를 툭
적신다

그 한방울 무거워 고개를 떨구니
밤사이 또 사그라진 목련 수십장
가슴이 쿡
아파온다

검은 눈으로

나를 부끄럽게 하는 이 있다
부끄러운 것은 인간적인 것

검은 눈으로
오로지 오늘만을 담고
그 눈으로 원망치 않으며
그 눈으로 세상의 행복을 물어다
내게 가져온다

나를 향한 반가운 몸짓이
오늘 하루 무사히 지냈다는 감사함으로
다가오게 하는 이 있다

비바람이 무서운 날도
감사해야 할 오늘이라며
묵묵히 우산 쓰고 나서게 하는

인간 아닌 네가 나를 더욱 사람답게 하는
그런 날들이 많아졌다

밥그릇

저 밥그릇 하나에 가득 담겼다
오늘 고생했다는 위로를
내가 미안하다는 사과를
그래도 사랑한다는 고백을
때로는 포기를
가득 퍼서 꾹꾹 눌러 담곤 했겠다

하얗도록 진심인 마음이
따뜻한 공기에 소복이 담겨
밥상 위에 놓일 때
말없이 퍽퍽 퍼먹은 그 숟갈질엔
나도 미안하다는 화답이
더러 담겨있었겠다

밥은 따뜻하고
담복담복해야 한다는 것은
그대를 생각하는 마음이
식기 전에 온전히
입안 가득 전해지길 바라기 때문이다

누레진 밥그릇을 버리는 일이
못내 아쉬운 것은
그 안에 담겼던
수많은 진심이
채 씻겨 내려가지 못한 밥풀 한 알처럼
빈 공기에 아직도 가득한 까닭이다

밥솥에서 이제 막 꺼낸 흰밥의 온기가,
첫술을 후후 불며 뜬 당신의 입김이
밥공기 낡은 결따라 아직 묻어있기 때문이다

수건 개기

빨래를 개다
수건이 나왔다

두껍고 반듯한 깨끗한 수건
얇고 해진 너덜한 수건
땟국물이 오랜 세월 쌓여
빨아도 빨아도 제 색을 찾지 못한 수건도

곱게 개어 들고 가는데 엄마가 외친다
얇은 것만 엄마방에 두어라

엄마의 화장실엔 까슬한 헌 수건만 수북했다
눈물이 났다

부끄러움

햇살이 툭
어제 내린 비
낮게 고인 길가 웅덩이마저 비춘다
구석구석 제 얼굴 들이민다

세수하던 나는
고개 들어 휙
나를 외면하고
어제의 게으름 묻은 퀴퀴한 수건에
황급히 얼굴을 문댄다

그런 날이 있다

파란 하늘 아래 걷기만 해도
숨막히게 감사한 날이 있다

이른 더위를 몰고 온 아침 해가
무거운 눈꺼풀을 찌를 듯 비춰대도
또 하루가 시작됨에 설레는 날이 있다

쌓인 그릇을 닦다
거품 방울이 새 옷에 튀어도
슥 문대며 한 번 웃고 마는 날이 있다

두근대는 심장과 속도 맞춰 걷는 두 발
앞뒤로 정갈하게 번갈아 흔들리는 두 팔
마주한 바람에 올라가는 입꼬리가
더없이 사랑스러울 때가 있다

매일 오는 그런 날은 아니지만
살아있음에 그저 벅차오르는,
난데없는 소나기와 길가의 돌부리
새벽녘의 시린 가슴과
만개(滿開) 뒤의 스산함 끝에 오는
그런 날들이 있다

그림자

삶에 구김살 하나 없는 검은 짐승

빛인 것도
빛이었다가 사그라지는 것도

원래 둥근 것도
둥글었다가 세상살이에 모나진 것도

깊은 품안으로 모두 안아버리는 너그러움

말없이 멀리 걷다가도
하루의 중간에 딜컥 찾아온 외로움에 몸서리칠때
곁으로 바짝 다가와 다독이는 검디검은 따뜻함

까마귀의 맨발

까맣게 양복 입은 그들의 뒷모습이
불길한 까마귀떼처럼 시야를 수북이 가릴 때
증오의 언어를 크게 작게 내뱉곤 했다

그중 하나가 내게
개별적 타자로 다가오는 순간
나의 무심한 눈빛은
굳은 낯빛은
머쓱한 웃음으로 번지고
그래, 그도 오늘 주어진 하루를
간절히 혹은 덤덤히 받아들인 사람이구나
하며 동지의 웃음을 내보인다

무리가 개인이 될 때
성난 얼굴 아래 비죽 나온 맨발이 보일 때
경계가 느슨해지는 것은
결국 인간의 숙명을 맞잡고 있다는
무언의 동질감
우스꽝스러운 진실 때문이다

강아지풀

저 혼자 찬바람 맞으며
태어난 땅을 거스르지 못해 서 있는 너는

급한 마음에 매연 뿜는 자동차 소리가
귓등을 때려도
누군가 홧김에 차올린 돌멩이가 허리를 스쳐도
오늘도 거기 서 있구나

너의 떨림은 너무 가여워
가녀린 줄기가 사정없이 흔들릴 때보다
바람없는 날에도 미세하게 떨리는,
네 어린 얼굴의 채 기시지 못한
작은 솜털이 보이는
그런 날이 나는 더 슬펐다

울면서,
아무리 떨어도 떨궈내지 못하는
네 잔털이 미워지면
다시금 세찬 바람이 네 몸뚱일 들고 뒤흔든다

도둑비

밤새 몰래 내린 도둑비
습습한 흙내음에 왔다 간 줄 알았다

성큼 나타난 당신
그리움에 흠뻑 젖은 내 맘 보고
사랑인 줄 알았다

나도 몰래 빗장 열어두어
한가득 고인 물웅덩이
당신이 찰방 찰방 마음을 간질였다

이별은 그런 것이다

오늘은 바람이 세다 했다
윙
소리에 내려앉는다
와르르

이별은 그런 것이다
그리움 차곡차곡 마음안에 가지런히 쌓아올리다
잘 참았다고 안도하던 어느 숨에
바람소리 하나에 무너져
엉엉 울게 되는 것이다

마음 한가득 꽃물 들면

만개했던 붉은 꽃
당신이 떠난 후
바싹 마른 한 줌 그리움 되어
바람결에 흩어질까
재가 되어 부서질까 두려워
내 가슴 굽이 흐르는 강물에 띄워
해진 꽃잎이라도 마음껏 가고 오게 하련다
그러다 마음 한가득 꽃물 들면
당신 잊기 싫어 아로새긴 붉은 멍이라 하련다

사랑이라는 말은

세월에 닳고 닳은,
수많은 위선자의 입술을 거친
자기애가 교묘히 포장된
이 오래된 말을 새롭게 하는 일은
그것을 말하는 이의 가슴
진실 하나뿐이다

진심을 거치지 않고 내뱉은 사랑은
이기심과 욕망이라는 찰나의 물감을 끼얹고
짙은 어둠에 뒤섞여 먼지처럼 떠돌다
다만 무심한 하나의 돌덩이가 되어
상대를 때릴 뿐이다

안기다

살아 있는 것들은 바삐 제짝을 찾아
새 봄 움트는 4월
해는 땅의 품에 안길 수 없어
호수 위에 찬란히 몸을 던진다

바람이 흔들어 잘게 부서지는 물 위에서
끊임없이 너울대는 너를 향한 외침

물결 굽이마다 빨갛게 노랗게 새겨진
땅을 향한 사랑의 고백

몸을 던져 아련히 빛날수록 깊어지는
너를 향한 욕망
그래도 만질 수 없는 당신의 속살

하늘과 땅,
다른 공간에 나고 자라 공유하는 이 그리움

비겁한 두 발

끼익 끼익
익숙한 이 방에 앉아
낯익은 발짓으로 의자를 돌려본다
끼익 끼익

내 그리움은 방 문발치를 채 나서지 못해
바람결에 실려 보낸다
더러는 빗소리에 기대 외쳐보기도 한다
한여름 혼자
누렇게 썩어가는 이파리 옷 빌려 입고
네 창문 두드리길 바라본다

끼익 끼익
몰염치의 발재간이 빨라진다
네가 선뜻 알아봐 주길 바라는 비겁함으로
방 한켠에 우두커니 앉아 눈알만 바삐 굴린다

게으른 마음은 산을 넘지 못하고
그중 몇은 소나기에 쓸려갔으며
나머지는 도랑에도 빠졌다가 잔바람에 흩어졌다

비겁한 두 발은
문앞에 주저앉아
마음만 바삐 움직인다

말해야 합니다

말하지 않아도 되는 것은 없습니다
말하고 싶은 것만 말해서도 안되는 것이었습니다

말해야만 아는 것과
들어야만 들리는 것이 있었습니다

말을 하지 않아 쌓인 오해와
듣지 않아 막힌 진심들

아이의 첫 마디처럼 감탄스럽게
태어나 처음 듣는 소리처럼 경이롭게
세상의 첫 태양을 본 듯 눈부시게
심장으로 말하고 들어야 했습니다

서로
들리고 전해지기엔 갈 길이 멉니다
그러나
하나만 꼭 쥐고 걷습니다
사랑하나만

낮춰 앉다

사랑을 하는 사람은
꽃을 보고 꺾지 않는다

오금 고이 접어 낮춰 앉아
땅에 손을 딛고 맡아본다
꽃내음을
흙에 뿌리내려 더 향기로운 꽃의 체취를

허리 숙여 눈 감고 있노라면
줄기따라 올라오는 텁텁고소한 흙냄새

땅에 귀를 가져다 들어본다
작은 꽃 하나 흙 위로 올려보내기 위한
자연의 역동을
그 분주한 움직임을

사랑할 줄 아는 사람은
땅과 가장 가까운 곳에 있는 사람이다
고개를 숙인만큼 대지의 사랑이 들어온다

엄마의 돋보기

돋보기를 끼는 엄마는
어쩌면 세상을 더 가깝게
자세히 보고 싶은 건지도 모른다

어제도, 오늘도
그리고 내일도
당연히 주어질 거라고 믿는 그 하루를
과월호 잡지를 뭉텅이로 심드렁하게 넘기듯
인생을 속독하고 싶던 시절을 지나

작은 글자도 한 자 한 자 읽는 엄마는
나처럼 글을 좋아하던 엄마는
절인 배추 한 장 한 장 속을 채우듯
하루를 가득 담고 싶어서

눈썹 사이 내 천(川)자가 새겨지도록
인상을 쓰고
하루를 들여다보는 건지도 모른다

달빛에 등돌려 울지 말아

하늘에 달이 저렇게 환한데
해가 졌다고
봄이 갔다고
슬퍼하지 말아

달은 저렇게
네 눈 부시지 않게
여린 살갗 데이지 않게
가만히 비추고 있단다

달빛에 등돌려 울지 말아
지쳐 잠든 널 위해
누군가 달을 보며 기도한다
너를 위해 기도한다

버리지 못하는 나의 그림자여

숲길을 헤매던 그 날
우연히 발견한 깊은 우물안에
너를 던져버리려 일부러 길을 잃었다

아득한 심연이 너와 닮아서
흑과 흑이 만나 섞인들
누구도 알지 못할 것 같아
완전범죄를 꿈꾸며
조심스레 네 손을 잡아끌었다

너를 밀어버리려는 찰나,
텅 빈 숲의 공허함이 두려웠다
저 멀리 검은 박쥐 떼처럼
불안이 나를 에워쌌고
너라도 없으면 안 될 것 같아
너를 붙잡고 붙잡아 다시 교묘히
내 곁에 두었다

그리고 나는 너와 함께 한 이곳이
어둠인 줄 알면서도
더듬거려 네 손을 황급히 잡으며
얄팍한 위안을 느낀다

내 그림자,
버리지 못하는.

나는 매일 죽어야 한다

어떤 새도 더 높이 날려다 부딪혀
땅으로 떨어지지 않는다
어떤 풀도 마음 급히 겨울에 비집고 나와
찬바람에 떨지 않는다
세상 만물은 제 계절을 알고
제 분수를 알며 살아간다

그러므로 나는 매일 죽어야 한다

떨어지는 꽃잎을 붙잡아
가지 끝에 매달아둔대서
봄이 가지 않는 것은 아니다

봄 한 철 제 몫을 다한 벚꽃의 흐드러짐을
흙탕물에 뒤섞인 목련의 마지막을
낙화의 가슴철렁함을
쓰리게 삼켜야 한다

나를 소멸시킨 두 손으로
겨울 찬바람을 부둥켜안고
기꺼이 어둠 안에서
추위 안에서
다시 태어나야 한다

점

그렇게도 많은 것에 점을 찍고 싶어했다
하루를 시작하는 아침의 불안에,
헤어짐으로 흐르던 눈물에,
자책만 남은 과거와
완벽하지 못한 나의 하루에도

시간은 내가 재촉하지 않아도 흘렀다
빠르고도 날카롭게

어느덧 마침표로 가득해져 가는 청춘의 끝자락

아득한 마음에 지난 문장들을 붙잡아
단락을 이어가고 싶은 욕심이 밀려오지만

오늘은 지나가고
기약 없는 내일만 남았다는 사실 앞에
아이와 어른은 공평하다
그래서 이 하루 몫의 시간을
다만 충분히 살아갈 뿐이다

온 힘 다해

풀잎은 알았다
아빠가 아이에게 하듯
잎이 태양에 닿도록
땅이 힘껏 목마 태워 올려보냈음을

밤사이 자식 몰래 눈물 훔치며
축축해진 엄마의 손수건처럼
하늘도 풀잎 잠든 간밤 사이 떨군 빗물로
토양을 적셔 타는 갈증에 목축이게 했음을

그래서 풀잎은,
옥토에서 나지 않았지만
열 손가락 뿌리로 있는 힘껏 흙을 움켜쥐고
온 힘 다해 자랐다
제가 선 땅에서 최선을 다해 잎을 펼쳤다

석양

하늘이 어둠의 전령사를 몰고 올 때
저 먼 수평선엔 붉은 장막이 쳐지고
수만 군사가 국경의 끝에서 진격해 오듯
그렇게 두려움이 엄습한다

맹수의 이빨을 크게 벌린 채
포식자의 탐욕스런 침을 뚝뚝 흘리며
뭍으로 뭍으로 전진하는 파도처럼
빛을 몰아내고 침묵이 세상을 뒤덮을 때

무의식의 세계로 이제 그만 자리를
내어줘야 할 때

낮 동안 기세등등했던 나의 자아는
다시 겸손해지며
내일의 태양을 당연시하지 않겠다는
무언의 기도를 읊조린다

그때 어둠을 환영하는 노을은
비로소 아이의 수줍은 미소처럼
해맑게 번진다

열심히 걷는다

열심히 걷는다는 것은
내가 오늘 살아 있음을 생각하는 것

찬 겨울 몰고온 바람에 눈을 흘기는 게 아니라
나보다 더 추운 사람을 생각하는 것
온몸 시리다 못해 마음이 얼어
눈물도 흐르다 멈춰버린 사람들을 기억하는 것

찌는 여름에도 차가웠던 내 손을
이 겨울 싹싹 비벼
누군가에게 내밀 수 있는 용기를 가져보는 것

그러다 봄이 오면
겨우내 고생했을 길동물들의
안도감을 생각해보는 것

살아있다는 사실을 계속 생각하는 것
내가 살아있어 다른 이들도 살아있음을
그래서 함께 있음에 감사하는 것

약한 것은 아름답다

같은 시간
매일같이 산책하는 노인,
그리고 그 옆을 지키는 노견

노견은 다리에 힘이 풀려
할아버지 주위만 뱅글 맴돈다

매일 같은 시간
그렇게 세상을 밟는다

비 오는 날
노인은 제 어깨가 젖는 줄 알면서도
노견을 꼭 안고 동네만 뱅글 돈다

약한 것은 아름다운 것
아름다운 것은 소중한 것

한 폭짜리 동그라미만큼
사랑이 번져간다

어둠은 앞다투어

어제와 오늘의 밤이,
나지 않은 내일의 밤도
앞다투어 나를 차지한 때가 있었지

어둠 속에서,
새벽 맑은 새소리는
고막을 찢을 듯 나를 다그쳤고
어김없이 찾아온 아침은
제일 가는 불청객이 되어
나는 심연으로 도망쳤지
어둠이 날 찾고 난,
절망위에 누웠지
때론 더 아늑했지

구멍 난 이파리 사이로 비집고 들어온 작은 빛
의심의 옷가지를 하나씩 벗겨내고
쉼없이 흐르는 눈물 말려주고
무언의 이야기를 들려주었어

여전히 어둠은 오지만
그 속에서 주저앉진 않아
가만히 앞을 보면 그 안에 빛이 있고
새는 어디선가 노래하고
물은 흐르고
바람이 불고
나는 다시 걷고,

네가 찾은 기적

늦더위에 저릿하게도 달궈진 아스팔트
팽팽히 당기는 줄 끝에
네 코를 따라 머문 자리엔
무심히 서 있는 전봇대
그리고 이름 모를 들풀 하나
유난히 모진 장마 견뎌
더 새초롬히 돋아
바람결에 전봇대를 간질이는 여린 풀 하나
톡 건드리면
콧잔등에 떨어지는 새벽 이슬
네가 찾은 오늘의 기적

여명

밤새 앓던 하늘의 붉은 멍이
아침을 만나 새살로 푸르게 돋아날 때면
후회, 미움, 아픔으로 멍울져
단단해진 나의 가슴도 그만
아!
순수만을 알던 모든 것의 첫날로
돌아가게 된다

오늘의 여명은
태고의 아침이다

나 흔들리는 것은

내 안에는 수천 개의 현이 있다

어느 것은 단단해
늦여름 황급히 찾아온 성난 태풍에도
쉬이 흔들리지 않는다

많은 줄들은
얕은 바람
그대의 낮은 한숨
어느 힘없는 나비의 날갯짓에도
파르르 파르르
사정없이 떨리고 뒤엉켜 버린다

나의 온 존재를
흔들어
버린다

그러나 나는
기꺼이 맡기리라
내 안의 동요에, 소란에
나를

처음 듣는 음계의 비명에 고막이 찢려도
내 마음 그 줄위에서 광대처럼 어지럽게 놀아도
나 흔들리는 것은
아직 세상에 무뎌지지 않았다는 것

세상에 나고 맞이한 첫날 아침
벅찬 마음으로 내 안에서
마음껏 뒤엉키고 흔들리게 하리라

내 옆은 항상 네가 있어서

정여진

시인의
말

내 앞에 무엇이 있는지 봤더니
꿈틀대는 희망이 있었다
희망은 결코 멀리 있지 않았다

내 뒤에 무엇이 있는지 봤더니
놓쳐버린 기회가 있었다
때가 되면 기회는 다시 잡힌다

내 위에 무엇이 있는지 봤더니
어제 품은 별이 있었다
내일은 하늘을 품을 수 있는 마음을 가질 수 있길

아, 옆을 놓쳐버렸다

내 옆에 무엇이 있는지 뒤늦게 둘러보았더니
내 옆의 존재들을 이제야 사랑하게 되었다

잠시, 그들에게 사랑을 전하고 올 테니
당신도 옆을 둘러보길.

돛단배

그대가 돛단배라면
나는 그대의 잔잔한 바다입니다

그대가 길을 잃는다면
넘실거리는 물결에 별을 흘려보낼 테니

별이 이끄는 곳에
그대의 마음을 놓으면 돼요

만약 그대가 멈추는 곳이 있다 해도
그 멈춤으로 두려워하지 않아도 될 것은

밤낮 상관없이 그대 옆에 머무는
바다가 있기 때문입니다

그대가 돛단배라면
나는 그대의 잔잔한 바다입니다

모닥불

주위의 소음 하나 없이
불 위에 마음을 얹는다

따뜻해지기도 전에
마음속 묵혀둔 잔해를 태운다

어쩌면 밤하늘의 별 보다
마음을 깨끗이 해주는
거세게 타오르는 불이 더 나을지도

우리 낭만의 끝에 항상 머무는 불이
또 다른 낭만을 불러일으킬 기대를 하며

오늘은 한없이 낮은 자세로
불에 눈을 맞춘다

현재의 나

어렸을 땐
어른이 되고 싶었다

세상 모든 것이
나의 것이 될 줄 알았지

큰 자유로
세상을 휘저으며 살 줄 알았지

현재를 거닐고 있는 나는
다시 어린 시절을 꿈꾼다

내가 뱉은 말에
무게가 실리고

내가 자처한 행동에
결론을 지어야 한다

지금의 나는
나에게 웃어주지 못하고

어린 시절의 나를
부러워만 하네

지금을
꿈꿀 수는 없는 걸까

왜 항상 과거나 먼 미래에
내 꿈이 놓일까

단단한 매듭을 지어 놓은 듯한
현재의 나를

조금은 느슨하게
때론 너그럽게 포용하길

그 어떤 시절의 나보다
지금의 나를 더 봐주고 아껴주길

사랑

네가 있어
나의 세상이

사랑한단 말로
메아리처럼 울려 퍼진다

서로를 바라보면
사랑은 저절로 나와

우리의 공간을 채운다

우리 오늘도 사랑이 한몫하는 하루를 보내자

틈

창문을 살짝 열면 틈이 생긴다

틈 사이로 날카롭게 들어오는 빛은
어느 한 곳에 따뜻함을 채워 주고

부드럽게 살랑거리는 바람은
모든 공간에 산뜻함을 더한다

그리고 바깥소리마저 선명하게 들리게 해
닫혀있던 세상에 귀를 기울이게 한다

틈 사이로 이 모든 게 일렁이는데
작은 틈을 어떻게 모른 체할 수 있을까

이것은 작은 틈만이 할 수 있는 역할이다

당신은 어디쯤에서 울었을까

당신의 길 바라보면
너무 건조해
꽃 한 점 안 보인다

눈물이 메말라서인지
울 곳이 없어서인지
한없이 건조하다

다시 당신의 길,

당신을 뒤따라가다 보니
꾹 참아 온 거였구나

누구를 위해
무엇을 위해

당신 뒤에 있는 눈물은
메말라 있지 못한
눈물들로 가득하네

친구

우리 동네는
놀 곳이 많았지만

서로가 없으면
재미도 없었다

네가 가는 곳은
나의 놀이터가 되었고

우리들의 세계는
나의 꿈이 되었지

친한 사이가 되자며
약속한 것도 아니었는데

내가 바람이면
너는 흔들리며 웃어주는 꽃이었고

바람이 있어야 살랑거리는 꽃처럼
우리는 그렇게 친한 사이가 되었다

시작의 출발점에서

지금부터 내가 앉은 곳에
걱정 털고 일어날 테니

그대 내가 뒤돌아보지 않게
내 팔을 힘껏 잡아당겨 주오

그럼 넘어지거나
앞으로 빨리 가거나

만약 내가 넘어져
셀 수 없는 고민거리들이 땅에 널브러지면

내가 나를 질책하지 않도록
내 시야를 가려주오

그대가 내 눈을 막는다 해도
그 잠깐의 어둠은

지난날의 암흑과 비교조차 할 수 없으니
주저 말고 내 눈을 가려주오

다시는 걱정으로 어둠에 갇히지 않도록,
내 발길이 다시 돌아가 염려를 키우지 못하도록

그대, 주저 말고 내 눈을 가려주오

달

고개를 숙이면 눈물이 쉽게 흐를 뿐
고개를 들어 달을 보는데

힘겹게 떠오른 것 마냥
달이 몹시 슬퍼 보인다

달도 나를 따라
강인하게 눈물을 참아내는 것일까

달의 표면은 남몰래 닦아온
수많은 눈물 자국들로 가득하네

달을 보며 위로받은 내가
당분간 밤을 기다리고 달을 위로해야겠다

더는 울지 않길 바라며
더는 혼자 있지 않길 바라며.

서로의 그늘

내 손은 작지만
너의 좋은 그늘이 되고 싶어
너를 꽉 껴안아 등을 토닥인다

내 체력은 좋지 않지만
너의 좋은 그늘이 되고 싶어
누구보다 앞장서 너를 응원한다

내 말솜씨는 화려하지 않지만
너의 좋은 그늘이 되고 싶어
항상 진심만을 전한다

이런 나에게
너는 우수에 찬 눈빛으로
너의 그늘을 찾으라 말하지만

나의 작은 그늘에
너의 머물 곳이 있다면
그것만으로도 너는 내게 그늘이 되어준다

사계절

봄은 진한 향기를
여름은 선명한 푸름을
가을은 설익은 단풍을
겨울은 발 빠른 밤을 간직했는데

나는 무엇을 간직할까

너희의 그 찬란한 생동감으로
나에게 큰 다짐을 심어주고

매년 열심히 오는 너희는
참 의미 있는 다가옴인데

나는 무엇을 간직해서
다른 이들에게 베풀 수 있을까

다소 더딘 나도
너희 따라 부지런히 움직여야지

그대 향해

그대 향해
내 행복을 주었더니
그대의 웃음을 받았고

그대 향해
내 아픔을 주었더니
그대의 눈물을 받았다

그대 덕에
행복은 더해지고
아픔은 씻겨가니

그대 곁에 머무는 나는
더욱 빛날 수밖에.

아침

"아침이다!"

날이 밝았으니
어제와 다른 오늘을 살아보자

하늘에 닿을 때까지
쭉 기지개를 펴고

새로운 마음으로
다시 출발하듯 말이다

날이 밝았으니
나는 오늘을 살아간다

어제의 일은 어제의 것이고
오늘의 일은 오늘의 것이다

몽롱한 눈빛에 힘을 잔뜩 주어
고단한 마음을 풀어보고
어제의 걱정을

오늘의 다짐으로 만들어본다

마침내 새날이 밝은
아침이 찾아왔으니

나는 오늘을 살아가겠다

아름다운 존재

달이 비치는 어둠에는 무엇이 있길래
그리 아름다운지

아,
달 옆에 반짝이는 별이 있었지
아,
별 옆에 은은한 달이 있었지

존재만으로도 아름다운 것들이 참 많구나

자장가

어렸을 적 엄마의 자장가는
내 밤의 전부였다

적막을 배경 삼아
고요하게 흐르는 노랫소리

부드럽지만 힘 있게
쓰다듬어주는 손

엇갈린 시선을
마주 보게 하는 엄마의 눈

이런 자장가는
내 밤의 전부였다

도전

만약
아랫입술을 꽉 깨물고
도전해 보려는데

두려움이 그댈 몰아세운다면
그건 그대가 부족해서가 아니다

두려움은
비 오는 날 만들어진 빗길과 같으니

빗길 앞에 멈춰 서며 주춤거릴 수는 있어도
그 빗길이 있어 그대가 가야 할 길을
가지 못하는 것은 아니다

빗길을 피해 가거나
빗길로 조심히 발을 디디던가

그대의 용기 있는 도전 앞에
두려움으로 작아지지 말길.

거리

이 거리는 결코 씻기지 않는
짙은 나의 고향이다

내가 휘청거릴 때
이 거리는 나를 꽉 붙들었다

가끔 내 아픔을 삼켜
아찔하게 가시를 드러내는 장미는
나의 진심을 알았고

이 거리에 달콤함도
투명한 공기의 색이 무색하게 진했다

나의 발자국을 기억하여
그 거리는 나를 추억하고

사라지지 않을 고향의 향기가 가득했으면 한다

감사

다른 이의 감사를 갈망하기 보다
당신의 감사를 전해라

열 띈 감사는
누군가의 감동이 되고

진심이 담긴 감사는
평탄한 길을 내어준다

그러니 감사하며 살자

받은 감사가 많은 자는
자신의 자랑이 넘치되

전할 감사가 많은 자는
매일의 행복이 넘친다

목마

당신이 내어준 어깨
마치 견고한 땅 같았네

다 큰 성인도
서 있기 힘든 세상이라지만

더 널리 보라며
튼튼한 두 다리가 되어주었네

수많은 사람의 어깨너머로
당신이 지나온 세상을 볼 수 있었네

당신이 있었기에 세상도 아름다웠음을
지금도 나는 세상이 아름답게 느껴지네

당신 덕분에
당신 덕분에.

촛대

강한 촛대여
굳건히 쓰러지지 말고
사람들의 마음에 주목하라

어둠에 익숙한 사람들은
여전히 어둠만을 찾고

아픔에 익숙한 사람들은
여전히 아픔 속에 산다

강한 촛대여
뜨거운 불꽃을 만들고
차가운 그들의 밤과 맞서 싸워라

어둠에 익숙한 사람들에게
밝음을 보게 하는 빛을 내어주고

아픔에 익숙한 사람들에게
눈물을 굳게 하는 촛농을 떨어뜨려라

단연 너의 견고함은
그들의 견고함이 되어

세상을 짊어진 무게 또한
그들은 마침내 이겨낼 것이다

강한 촛대여
강한 그대여
부디 그들의 촛대가 되어라

고마운 손짓

밖의 나무들도 햇살이 좋은지
살랑살랑 잎을 흔든다

저기로 가라 할 것 없이
확신에 찬 손짓에

내 마음도 흔들며
잎에 가깝게 한다

오늘도 잠시 기댄 것뿐인데
마음이 한결 가벼워진다

내일은 그 고마운 손짓에
너의 마음도 함께 움직이길.

부모님

당신은 꽤 오래도록 나와 함께 하였고
햇살은 공평하게 모든 것을 비추는데
왜 나는 당신의 흔적이 보이지 않는지요

속절없는 세월을 탓할 수는 없어
당신이 나를 사랑한 것처럼
나도 그 세월을 사랑하기로 했습니다

나는 당신으로부터 사랑을 배웠기 때문이죠

나를 위한 당신의 노력으로 항상 배불렀던 나는
이제야 소화를 시키고 당신을 보게 되었습니다

나를 위한 당신은 있어도
왜 당신 혼자일 때는
당신만의 흔적이 보이지 않는지요

이제 묻어두었던 시간을 꺼내
당신을 위한 시간을 보내세요
나를 사랑한 것처럼 아주 충분하고도 넘치는 시간을요

빛줄기처럼

자리를 뜨겁게 하되
열정은 식지 않게

눈이 부시되
빛의 환함은 여전하게

빛줄기의 처음은
무엇으로 시작되고

빛줄기의 끝은
무엇으로 끝나나

오늘의 태양이
내일도 뜨겁다면

열정은 식지 않고
빛의 환함은 여전하길.

바다 앞에 서는 이유

바다는 후련하다

한 번의 파도에 상처는 스미고
두 번의 파도에 마음을 비우게 한다

내일을 위한 꿈을 꾸게 하며
바다의 끝없는 격려는 멈출 줄 모른다

파도를 얼마큼 보냈을까
요동치는 파도는 점점 수그러들고

잔잔함에 떠밀려
결국, 나의 눈물을 쏟아 낸다

바다는 눈치채지 못한 채
파도만 보낸다

내가 바다 앞에 서는 이유

떨치고 싶은 만큼의 눈물을 잃을 수 있어서.

너의 노래

너의 노래는
너무 따뜻해서
하염없이 내 마음에 담아낸다

가사를 읊조리는 너의 마음이
물 흐르듯 자연스레
하늘 높은 곳까지 물드는데

모든 사람이 너의 노래를 듣는다면
모든 마음이 따뜻해질 수 있을까

그렇다면 나는 너의 노래로
이 새벽의 온도도 함께 높여 본다

이 새벽이 온통 너의 노래로 뒤덮였다

너의 노래는 끝나지 않고
나의 시간 속에서 함께 흘렀으면 한다

힘

나의 길에서
삶의 수백 가지의 조각들이 흩어져도
그것을 다시 맞출 힘이 있다면

여백의 괴로움을 뒤로 한 채
다시 일어나 외롭지 않은 길임을 확인한다

내가 힘을 낼 수 있는 이유는

적든 많든
남이든 가족이든

작은 씨앗에 물이 돼 주어
결코 외롭지 않은 길을 만들어주었다

부탁

그대, 나를 향해 이름을 불러줘요
그대 얼굴 한 번 더 볼 수 있게

그대, 내게 더욱 짙은 미소를 지어줘요
멀리서도 보고 싶은 그대 잘 볼 수 있게

그대, 나에게 편지를 보내줘요
그대 마음만은 가까이서 보고 싶거든요

나 마지막으로 하나만 더 부탁할 게 있다면
그대 슬프다고 울지 마요

저녁이 되면 어둠이 그댈 가린다 해도
나 그대 슬픔은 아주 잘 볼 수 있거든요

멀리서는 그대 눈물 닦아줄 수 없기에
슬픔은 나와 함께 느끼기로 해요

그대 곁에 공허한 공기가 맴돌고
내가 없는 그대 곁, 무엇으로 채우나 싶을 땐

지나가는 바람도 좋으니
그대 행복해질 수 있는 모든 것을 잡아요

그대의 입가에 항상 웃음이 떠나지 않도록
내가 그 모든 것에게도 부탁할 테니

사랑을 머금은 듯 사랑스러운 그대여
우리는 언젠가 그 모든 것에 함께 녹아들 테니.

음악

조용한 게 싫어
음악이란 도끼로
적막을 깬다

공기의 흐름이
선율을 따라
다채롭게 변하고

공간의 울림은
죽어있던 마음에
숨을 불어넣는다

이리저리 운율을 정리하며
분위기에 생기를 채워주고

음악이 끝난 후
또다시 돌아온 적막에게
나는 그제야 웃음으로 화답한다

빛에 가려진 너를 위해

오늘은 너를 위해
나의 빛을 주겠다

내가 너의 우주에
발 담금질하려 할 때

너는 내 빛에
눈을 가리려 하지 말고

작아지는 너의 모습을
감추려 하지 않아도 된다

그저 너는 내 빛을 받아
진정한 너를 밝히면 된다

밤의 빗소리

어둠은 그저 어둠일 뿐 내내 두려워 말고
눈을 감고 밖의 빗소리에 귀를 내주어 보게

비 오는 날에 들을 수 있는 음악이 있다면
그건 아마 맑은 빗소리라네

툭, 툭

밤에 찾아오는 울적함은 어쩔 수 없지만
빗소리로 돋보이는 밤은 얼마나 사랑스러운가.

미워하고 미워해도

미워하고 미워해도
사랑 빼면
우릴 이룰 수 있는 건 무엇일까

사랑은 가늠할 수 없어
무한히 줄 수 있다

사랑을 가늠할 수 있다면
나는 그 정도로 만족했을까

그만큼 우리는 사랑을 전하고
사랑으로 산다

미워하고 미워해도
사랑 빼면
우릴 이룰 수 있는 건 무엇일까

사랑으로 사는 우리는
가족이다

가을 속 책갈피

떨어지는 낙엽이
거리를 메울 때쯤이면

낙엽이
온 세상을 메우겠지

너에게 가고 싶지만
낙엽 밟는 소리 때문에
나의 마음이 들킬까 봐
다가가지 못하겠다

겨울이 되면 너에게 갈 수 있을까
아직은 마음이 좁여서 다가가지 못하겠다

떨어지는 낙엽이
거리를 메울 때쯤이면

그쯤에 책갈피를 꽂아 둘 테니
너는 펼쳐 나의 마음을 봐 주면 된다

편안한 숨

숨을 내뱉으며
침착하자
이제는 알 수 없는 이물감으로
불편한 상태에 놓이지 말자

숨을 내뱉으며
다음 숨을 기다리자
지나간 숨은 속히 보내버리고
다가올 숨으로 기대를 품자

편한 마음에서 오는 숨을 기뻐하고
마음을 땅에 닿을 때까지 내려놓자

불안으로 무엇을 얻으리오

깊은 한숨으로 땅을 뾰족하게 깎지 말고
곧은 길을 가기 위해선
편안한 숨이 필요하니

마음의 압박을 떼어버리자

꽃

꽃은
아름답게 피는 법을 아는지
눈을 뗄 수가 없다

가시의 곁눈질에도
나는 꽃에게 다가간다

사랑하는 사람이 돌아오는 것에
반겨주지 않을 이 없는 것처럼

역시나 변함없는 모습으로
나를 반겨준다

시간을 꽃으로 물들고
그윽한 향기에 눈을 감는다

그 순간 꽃은 입을 열고
운을 뗀다

나에게 넉넉한 위로와 사랑을 보낸다

기억

펄럭이는 기억 중
하나를 잡으라 하면
더도 말고 당신과 함께한 추억을 잡겠다

추억은 시간이 지나
잊혀 가고
사라져 가나

그리움이 베인 나의 손은
당신과의 추억을 놓지 못하네

그래서 나는
당신과의 추억을 영원히 기억하겠다

내가 당신을 영원히 기억하겠다

빛과 어둠으로 다가오는 것들

홍혜미

시인의
말

빛과 어둠 사이에는 투명한 선이 있다

구겨진 시간을 꺼내놓으니
그곳에도 빛이 들었다

구석진 곳의 어둠을 꺼내 시를 쓰는 것은
빛으로 갈 수 있는 지름길이었다

빛이 어둠이 되어가고
어둠이 빛이 되어가는
그 순간마다
빛이 있는 곳으로 선을 넘어갈 것이다

지금 또 한 번 그 선을 넘었다

찬란할 것이다

To. 내가 아는 그대에게

여기, 여러 마음이 있으니
마음에 드는 마음이 있다면
그 마음으로 들어오세요

여러 계절에 태어나 서로 뒤섞이고
그득히 쌓인 이 보내지 못한 편지 중에
그대에게 보내는 마음도 여럿 있을 겁니다

그대의 답장을 받게 된다면
가을이 잘 도착했다는 인사와
또 다른 마음을 보내겠습니다

아, 제 주소는 변경되었어요
'그저 좋은 바람이 부는 곳'

좋은 바람이 부는 이곳은
우표를 붙이지 않아도 괜찮습니다

잘 도착할 거예요
그대의 이름만으로도

스쳐가는 바람에도 1

스쳐가는 이 바람도
그 언젠가
다시 내게 불어오겠지

아, 그 날의 그 바람이었을까

잔잔히 불어오는 바람결에도
이렇게 흔들리고 있는 걸 보니

그 별은 그대의

그대를 잊으려
그대가 남긴 별 하나하나
그대의 하늘에 띄워 보내고

남은 마지막 별 하나
그 별은 그대의 하늘이 아닌
내 안에 깊이 담아둡니다

부를 수 없어 들리지 않을
그 별은 그대의 하늘이 아닌
내 안에 깊이 담아둡니다

그대의 이름을
내 안에 깊이 새겨둡니다

슬픈 시가 되어

비어있는 시간과 비어있는 공간에
나는 너를 부른다

나를 읽고 너를 쓰다 보니
한 편의 시가 되어 만난 우리

나는 또 한 편의 슬픈 시를 짓는다

이름은 있고, 사람은 없는

그래서

그렇게

슬프고 슬픈 시를

흔한 거짓말

나는 이제 아무렇지 않아요
그대와의 사랑을 다 잊었으니

나는 이제 궁금하지 않아요
그대라는 사람을 다 잊었으니

나는 이제
그대 없는 하루, 그대만의 하루가
아무렇지도, 궁금하지도 않습니다

나는 아주 잘 지내고 있습니다

울고 있어도 밤은 오고

당신은 내게
사랑을 알려주었지만

당신이 없어도
이 밤이 온다는 건 알려주지 않았다

문득, 그대였습니다

길을 걷다가
쌀쌀한 바람이 불어오면
그곳에 그대가 있어 그렇다며
그 바람을 따라 걷느라
새 신발이 며칠 만에 닳기도 했습니다

길을 걷다가
그대가 좋아하던 꽃이 보이면
걸음을 멈추고 그 꽃을 보았고

그대를 닮은 사월의 향기와
그대와 같던 포근한 코트도

그렇게 그대는

문득
나를 멈추게 하는 사람이었습니다

여기저기
두고 온 걸음이 많아 나도 모르겠습니다
내가 지금 어디에 있는지도

그대,
길을 걷다가
낯익은 걸음을 만난다 해도

부디, 그대는
그 걸음을 더 깊게 새겨 놓으시면 안 됩니다

애틋한 눈빛도, 그 무엇도
새겨 놓으시면

묻고 싶은 밤, 듣지 못할 말

너에게 묻는다
내게 사랑을 말한 이유를

너에게 묻는다
내게 이별을 말한 이유를

나에게 물었다
사랑만 기억하는 이유를

밤, 그대

그대가 어두운 이 밤
방안 가득 불을 켜 두는 건
아마, 밤보다 더 어두운
그대의 마음 때문이겠죠

애쓰지 않아도

창틈 사이로 들어오는 여린 빛에
차가운 손을 얹어 놓았다

그 작은 온기로
무엇을 지켜내고 싶었기에

그 누구도 아닌

어둠이 내리면 사라지는
그 빛을 향해
그토록 손을 뻗었던 걸까

애쓰지 않아도
다시 찾아오기에
그것만은 왠지 내 것 같아

그토록 손을 뻗었던 걸까

나의 슬픔이 꽃을 피울 때

문득
시가 쓰인다는 건
내 안에 켜져 있던 불 하나 꺼져가는 것이고

그 어둠 속 숨죽여 쓴 시가
그대의 가슴속에 피어날 때
내 안에 또 다른 불 하나 켜지는 것이다

스쳐가는 바람에도 2

스쳐가는 이 바람이
너에게도 닿을까

너에게 닿는다면
나는 바람이 되어도 좋다

너에게 닿는다면
나는 무엇이 되어도 좋다

너에게 사랑이 되어줄
그 무엇이라면

너라는 꽃이 되어

너라는 바람이 분다
너라는 사랑이 온다

바람아 멈추지 마라
사랑아 멈추지 마라

내게로 와
사랑으로 피어나라

너라는 꽃이 되어
나에게 활짝 피어나라

봄을 만나는 건

널 생각하면
봄을 만나는 건
하나도 어렵지 않은 일이다

널 생각하고
봄을 만나는 건
오늘도 멈출 수 없는 일이다

널 생각하니
세 계절을 잃어가는 건
조금도 아쉽지 않은 일이다

소녀를 만나다

살랑이는 봄바람의 리듬으로
살랑살랑 흔들리는 나뭇잎이
따스한 햇볕 아래 걷고 있는
그녀의 머리를 톡톡 치며 스쳐 지나갔다

미소를 머금은 그녀 입가에도
노란 햇살이 깊게 번져나가는 순간
그녀가 말했다
"쓰다듬어 주고 가네, 예쁘다고"

엄마, 그녀 안에 잠시 쉬고 있던
그 소녀가 내게 안부를 물었다

네 안의 소녀, 그 소녀도 안녕하냐고

내 안의 소녀, 그 소녀를 떠올리는 순간

손등 위로 톡톡 떨어지는 벚꽃잎 하나,
그 길 위에 봄을 걷고 있는
두 소녀와 발그레한 두 얼굴

걷다 보니 사랑이었네

좋은 바람이 부니
그 바람을 따라 걷고 싶었고

예쁜 꽃을 보니
그 꽃을 따라 걷고 싶었다

좋은 바람, 예쁜 꽃을 따라
쉼 없이 걷다 보니

어느새
내 앞에 네가 있더라

사랑이 되어
내 곁에 네가 있더라

우리는 숲을 거닐고 지금도 사랑을 하지

너의 숲을 거닐다 보니
너처럼 예쁜 꽃들이 피어 있었다
그 꽃은 너와 내가 사랑으로 피운 꽃

너의 숲을 거닐다 보니
너처럼 환한 빛이 들어오고 있었다
그 빛은 너와 내가 마주할 때 빛나는 빛

그래서 빛이 들어온 걸까

나의 숲을 거닐고 있는 너를 보았다

너와 나의 숲은
이미 하나의 숲이 되었던 걸까

서로의 이름을 부르던 그 순간부터
아니, 서로를 알아본 우리 그 순간부터

그대가 있기에

잘 지내고 있나요?

닮은 걸음을 봐서 그러는 게 아니에요
바람이 차가워져서 그러는 것도

그대가 있기에
그 어딘가에 그대가 있기에

그저
잘 지내주기를 바라는 거예요

그대가 있는
그대의 그곳에서

그대만 있는
나의 이곳에서도

지나가는 오후에도 지나가지 않는 사람

지나가는 오후의 한가운데
그곳에 아직 당신이 있지만

오늘은 그저
지나가는 오월의 어느 오후일 뿐입니다

고요히 흘러가는 흐름 속에서도
홀로 거친 파도를 걷게 하는 사람

아무 날도 아니지만
아무렇지 않게 불쑥 나타나는 사람

그렇게 아직 당신이 있지만

오늘 날씨는 맑음
오늘 미세먼지는 보통

지나가는 어느 오후
지나가지 않는 당신이 있을 뿐
오늘은 아무 날도 아닙니다

우리의 밤이 길고 깊은 이유

그대,
왠지 모르게 밤이 길다 느껴질 때

내가 그대를
아직 놓아주지 않아 그렇다고

그대,
왠지 모르게 밤이 깊다 느껴질 때

그대가 나를
아직 밤하늘에 숨겨놓아 그렇다고

눈물로 자라는 꽃이 있다

내 눈물로
네가 자라고 있는 걸까

너는 아직
내게 남아 있다

갓 피어난 꽃처럼

나는 닳고 닳을 수밖에 없는 것이다
그럴 수밖에 없는 것이다

이 세상에 피어있는
너라는 꽃을 보았기에

기억과 기억 사이

너와 나 사이에도
푸른 하늘이 있었던 기억이 있다

그 기억으로
많은 날이 젖어 있었던 기억도

푸른 하늘은 푸른 하늘의 것이라는
혼잣말이 흩어질 때
발끝으로 흩어지는 또 다른 것이 있었다

나를 호명하지 마세요

나를 호명하지 마세요

당신이 있는 곳에서
당신이 없는 곳에서

그 어디에서도

당신에게 한껏 기울어져 있는 나는
그 날보다 더 휘어진 마음으로
당신에게 더 바짝 다가갈지도 모르니까요

그 날보다 더 휘어진 걸음으로
당신에게서
뒤돌아 걷는 법을 잊었는지도 모르니까요

아무것도 아닌 듯 아무렇지 않게

아무것도 아닌 것을
아무것도 아닌 것으로 해주었던 당신을
사랑이라 부르던 적이 있었다

당신은 내가 사랑이라 부르던 사랑까지
아무것도 아닌 듯
아무렇지 않게 사라졌고

그 사람을 사랑이라 부르던 나는
사랑이었던 자리에 더는 사랑이 없어
나무보다 더 우두커니 서 있다

매일 같은 곳에서
매일 다른 빛을 받으며

아무것도 아닌 듯
아무렇지 않게
아무것도 아닌 것처럼

마치 오늘을 살고 있기라도 한 듯

비가 되어 내리는 이름들

창문 밖 들려오는 빗소리
창문을 두드리는 사람들

비가 내릴 때면
수많은 사람이 빗소리를 따라
방으로 들어왔다가 나가곤 했다

수많은 당신이 창밖에 살고 있어
창을 뒤로한 채 돌아서도
등 뒤에 돋아난 눈과 귀로 당신들을 살폈다

계절이 바뀔 때면
가끔 당신들과 사는 곳이 바뀌기도 해서
창밖으로 나가지 못한 몇몇 사람들이
아직 내 방에 살고 있다

비 내리는 오늘, 그런 당신들과 오늘은
우산 없이 긴 산책을 해야지

당신이 그칠 때까지

두 번의 안녕

바람에 창문이 열리고
방안 가득 쌓여있던 구월이 나갔다

구월이 나간 자리에
조금 더 차가운 가을이 들어오고

창을 오가는 바람과
두 번의 인사를 나눴다

안녕

안녕

바람에 창문이 닫히고

바람에 떨어진 펜 하나가
나를 다시 움직이게 했다

오늘은 오늘을

산책로 곳곳에 햇살이 환히 내려앉은 날
아이들의 웃음소리는 마음을 간지럽히고
고운 빛으로 피어있는 꽃들은 심장을 두드리고
청아한 하늘에 떠 있는 구름은
내딛는 걸음마다 벗이 되어주었다

좋은 순간과 마주한다는 것은
고스란히 내게 스며든다는 것은

'너는 살아있는 거라고'
'너도 행복할 수 있다고'
시선이 닿은 모든 것들이 나에게 말해주었다

아직 괜찮은 거라며
'오늘 마주한 순간들로 오늘을 살아가자고'
지난날의 내가 지금의 나에게 말해주었다

흐르지 않는 마음이라

눈을 감고
귀를 막고
숨을 쉬어본다

멈추고 막힌
내 마음 가득히
숨을 불어넣는다

다치고 닫힌
내 마음 깊숙이
삶을 불어넣는다

작은 빛으로 오늘을 살았다

온기가 남아 있는 곳마다
작은 빛이 반짝이고 있었다

한껏 어두워져야 보이는
한껏 흐른 슬픔에도 꺼지지 않는

그 빛이 살아있으니
나는 사라지지 않는다

어둠이 아닌, 그 어둠보다
그 작은 빛을 더 기억할 테니

나는 사라지지 않겠다

까만 밤을 마주한다는 건

어둠이 내려오면
캄캄하고 서늘한 이 밤에 기대어

입술과 입술 사이 작은 틈으로
길 잃은 혼잣말이 두 귀를 덮는다

기억과 기억 사이 작은 틈으로
익숙한 장면들이 두 눈에 흐른다

어둠을 걷어내고 있다

떠도는 혼잣말로
떠도는 기억들로

그렇게
오늘이 덮어지고 있다

불면을 부르는 말들은 어둠 속에 자라나고

불을 끄고 바닥에 등을 붙이자
어둠 속 더 또렷한 눈
흰 천장에 그려지는 얼굴들
수많은 말들이 하나둘 쏟아져 내리고
닿지 못한 말들과
잘못 태어난 말들 사이에서
그럴 수밖에 없는 말들이 새로 태어나고
몸을 뒤치락거리면
더 많은 말들이 달그락거리고
어둠 속 차가운 공기는
이유 없이 이유를 자꾸 물었다
그러다가 그러다가
어둠과 빛의 자리가 바뀌자
손을 더듬거려 겨우 찾은 온기로
밤새 잠들지 못한 건조해진 나를 찾아 입었다
빛에 마르고 있던 떨어진 말들은
또다시 어둠을 기다리고 있을 그 말들은
빛을 피해 천장으로 하나둘 올라가고 있었다

우리가 이별을 말한다면

우리
서로 다른 안녕을
말하지 않기로 해요

우리의
지난 시간 안에
남지 않기로 해요

사랑도, 사람도

그리고

잊어야 해요
나의 이름으로 살았던 그대이기에

그대가 그대를
잊어야 해요

그대가 떠올라 가을이라 했습니다

그대,
선명한 하늘의 구름이
그대 두 눈에도 가득 담겼나요?

선선한 바람이
그대 어깨에도 스며들었나요?

포근한 햇살이
그대 마음에도 온기를 주었나요?

여전히
마음이 쓰입니다

그대의 이 가을이
이 가을의 그대가

올가을에도 나는
내게 없습니다

달, 별 그리고

캄캄한 밤
고요히 깊게 스며든 달, 별

나에게
네 얼굴 하나 밝게 떠 있는 밤

너에게
내 얼굴 하나 띄워 보낼 수 없는 밤

이해할 수 있는 밤

잔잔한 밤공기에 취할 즈음
그 틈새로 불어오는 네가 있다

밤의 고요함이 깨질 즈음
붉고 뜨거워진 눈시울이 있고
들썩이는 두 어깨를 누르며
까맣게 돌아서는 네가 있다

흐르는 기억의 아픔보다 오늘도
이 밤을 빼앗겼음에 한숨만 더한 밤

왠지 너라면 더 빼앗겨도 될 것 같은
이 못난 밤에 오늘도

까맣게 돌아서는 네가 있고
내겐 붉고 뜨거워진 눈시울이 있을 뿐이다

네가 지나간 자리

네가 훑고 간 흔적은
여기저기 새겨져 있다

몰아치듯 너의 얘기만
한껏 쏟아붓고 너는 사라졌다
아무 일도 없었던 듯이

어제와 다른
오늘 이 맑은 하늘은
아프지만 평온하고

오늘 이 맑은 하늘도
아쉽지만 나를 위로할 수 없다

그래서 그립고 그렇게 그립다

넘쳐흐르고야 말았다

내가 너를 흘린 것이다
이제 더 담을 수도 없는 너를
내가 흘린 것이다

쏟아진 네가 걸음걸음에
쩍쩍 달라붙었다

방에서 시작한 그 소리는
거실로 이어지고 베란다로 이어지고

끈적한 걸음으로
다시 방으로 들어가 누웠다

소리는 사라지고
밤은 이제 시작되었다

우리의 계절이 오면

내가 어디에 있든
바람은 불어오겠지요
그 바람으로 숨을 쉬었다가
며칠은 잠들어 있을지도 모르겠어요

그때의 우리를 통과해내고 싶은 마음과
갇혀 있고 싶은 마음 사이를 수없이 오가고
당신의 말들이 아직 내 마음에 흐르고 흘러
당신의 부재를 느낄 때면 나는 더 선명해져요

내 안에서 시도 때도 없이 바스락거리는
더는 읽어낼 수 없는 문장이 된
당신의 뒷모습은 닳고 닳아 쓰라리고
너무 힌 곳민 바나보았넌 나는
뿌옇고 시린 눈으로
작은 바람에도 눈물을 흘려야 하겠지요

그러다 보면 우리의 계절이었던
이 가을도 훌쩍 지나가겠지요

살아간다는 건

흐르고 있다

빛이 들어오고 빛이 나가는 동안

알고 있는 것을 알아챌 수 없게
고요히, 고요히

꽃이 피고 꽃이 지고
이 사람이 그 사람이 되고
이곳이 저곳이 되는 동안

내 안의 것을 매만지며
숨을 찾아가는 일

살아가며
멈출 수 없는 일은
이것뿐이다

달빛이 남아있는
밤하늘에 쓰는 편지

안소연

시인의
말

평범하고 작은 하루의
소소한 것부터 소중한 모든 것들은
시곗바늘의 움직임처럼
무심하게 스쳐 지나가버립니다.

하지만 타인의 시선으로 바라보듯
스쳐 지나가게 두고 싶지 않았습니다.

지나가는 모든 것들에 대한
나의 기억과 기록들을
밤하늘의 은은한 달빛처럼
누군가를 향해 남겨 두고 싶습니다.

온통 너로 물들어져 있었다

서쪽하늘과 구름의 갈라진 틈 사이로
저녁노을이 연붉게 물들어가기 시작했다

점점 물들어가는 노을빛 아래 서서
한참을 바라보았다

하늘을 전부 연붉게 물들일 때까지

노을빛은 바라보고 있던 내 마음까지
온통 너로 물들여 놓았다

당신에게 바치는 고백

사랑합니다, 당신을

당신을 만난 이후로
내게는 오직 당신뿐이었습니다

당신이 사랑한다 속삭였을 때
나 당신에게 사로잡혔습니다

당신의 손이 닿으면
그 온기에 난 녹아내렸습니다

당신과 함께 한 시간들은
나의 곳곳에 스며들어 가득 메워졌습니다

당신이 내게 주는 사랑보다
더 많은 사랑을 주고 싶습니다

내 마음의 시작부터 끝까지
사랑합니다, 당신만을

당신의 손길에 숨결에

당신을 사랑하게 되어 다행입니다

다른 사람이 아닌 내가
당신을 사랑하게 되어서
그리고 당신이 나를 사랑해 주어서

사랑하는 당신을 바라보며
한 발자국 다가갑니다
당신의 손길에 닿고 싶어서

가까워진 거리에 숨 막힐 듯하지만
또 한 발자국 더 다가갑니다
당신의 숨결에 닿고 싶어서

시려움이 아닌 그대 온기

조금씩 차가움을 안고
불어오는 가을바람은
손끝부터 시려오게 하네요

시려움이 점점 깊이
퍼져나가기 전에
그대 내 손을 잡아주세요

그대 온기로
그 시려움 쫓아내 주세요
나에게 퍼져나가는 건
통증 같은 시려움이 아닌
그대의 온기였으면 좋겠어요

그날 그곳에 우리

우리가 처음 만난 날 기억하니

너와 내가 첫 눈맞춤을 하고
서로에게 끌어당겨지듯
우린 한 순간에 가까워졌어

처음 봤지만
오래 봐온 것처럼 편안했고
헤어짐이 기다렸지만
다시 또 만나게 될 것 같았어

나를 너의 눈에 오래 담고 있는 게 좋았고
우리의 시간이 계속 이어지기를 바랐어

그날 그곳에서부터
우리만의 계절이 시작된 거야

이 밤 당신과 오래도록

아침의 해가 우리를 비추면
서로를 바라보며 잠에서 깨어나요
함께 아침을 맞이하고
잠시 떨어져 있어야 하는 우리
일하고 있는 틈에도
자꾸만 당신 생각에 빠져들어요
우리가 만날 시간이 다가오면
하늘부터 발그레 붉은빛으로 물들어요
어둠이 시작되려 할 때
우리는 다시 만나고
처음 사랑을 시작할 때처럼
또 우리의 시간을 이어가요
달이 우리를 비추고 있는 시간이
멈췄으면 좋겠어요
이 밤 당신과 더 오래 보고 싶거든요

당신은 밀물처럼

당신과 눈이 마주친 순간
내 마음에 당신이
밀물처럼 밀려들어 왔어요

그 속도는 보이지 않게
천천히 들어오는 듯했지만
들어오는가 싶었을 때는
벌써 해수면 가득 차올라 있었어요

생각할 겨를도 없이
막을 수도 없이
나에게 당신은 그렇게
밀물처럼 밀려들어 왔어요

너에게 전하고 싶어

나의 사랑이
내리는 비에 흘러가지 않고
너에게 내려 스며지기를

나의 마음이
민들레 홀씨 바람에 흩날릴 때
너에게 함께 날아가기를

나의 이야기
안갯속에 사라지지 않고
너에게 닿아 기억해 주기를

그렇게 나의 사랑을 너에게 전하고 싶어

당신 마음 다 가지려면

사랑에 눈이 멀어
사랑 옆에 붙어있는
작은 시련은 보지 못한 채
당신에게 사랑만을 받길 원했어요

시련을 떼어내려 하니
사랑도 같이 떨어지려 하네요

당신 마음 내가 다 가지려면
사랑 옆의 시련까지 감수해야 되는 것을
사랑만을 원하는 건 불가능한 일이라는 걸
이제는 알아요

당신의 사랑만을 원하지 않을게요
시련까지 내가 사랑하고
그 대신 당신 마음 내가 다 가질게요

잊지 않기로 해요

우리가 이렇게 멀어진 건
언제부터였을까요
조금씩 멀어지고 있음을
알고 있었지만
그렇게 지나온 시간들이
아득해져 가네요

다시 돌아갈 수는 없겠지만
우리가 사랑했던 시간들은
잊지 않기로 해요

우리도 시들지 않을 것 같은
사랑으로 가득했던 시간들이 있었음을

찰나의 순간

우리의 사랑이 어디에서 시작되었을까
사랑의 시작에서 이별의 끝까지
지나온 시간들이 뒤엉켜 나를 붙잡고 있다

너를 만났던 그 찰나의 순간 우린 알았을까
우리의 사랑이 불덩이처럼 뜨거웠다가
이별의 끝은 서로의 마음을
얼음처럼 굳어지게 할 것을

알았다면 감당되지 않을 슬픔에
스쳐 지나갔을까
아니면 불같이 뜨거운 사랑에
눈을 떼지 못했을까

다시 돌아가도
아마 너에게서 눈을 떼지 못하겠지
나는 그 찰나의 순간
너의 손을 놓지 못하겠지

밤하늘에 보내는 편지

떠나가 버린 너와 함께
전하지 못하게 된 이야기들
다시는 함께 바라볼 수 없는 밤하늘에
아직 손닿는 곳에
네가 머물러 있기를 바라며
나의 마음을 써 내려간다
너무 멀리 가지 않았으면
되돌아와도 된다고
편지를 한 번 두 번 접어 봉투에 넣고
보내는 곳의 주소도
받는 곳의 주소도 쓰지 못한 채
달빛이 남아있는 밤하늘에 띄워 보낸다
너에게 전하지 못했지만
전달되지도 못할 편지를
매일 밤 나는 너에게 보낸다

꽃잎 하나에

마음의 정원
어여쁘게 피어난 꽃 하나 꺾어

꽃잎 하나에
너와 나눴던 사랑의 이야기들

또 하나에
너와 내가 바라보던 순간들

그리고
너의 손길이 닿던 모든 것들

마지막으로
너에게 주었던 내 마음

꽃잎 하나씩 걷어내며
마지막 남은 꽃줄기까지 날려 보낸다

눈을 감아도 보이는 너

이제는 잊고 싶은 너의 모습
지워내려 눈을 감아보아도

잊히지 않고 잔상으로 남아
아직도 나의 마음 아프게 하네요

언제쯤 잊을 수 있을까요
지워지지 않는 너에 대한 모든 것들

나에게서 멀리 떠나버린 너의 모습이
왜 아직도 나에게는 희미하게 남아있는지

눈을 감아도 흐릿하게 보이는 잔상을
오늘도 지워내지 못했어요

나 이제 너를

우리가 함께 지나온 나날들에서
멈춰 있는 나를 찾았다
너와 나의 시간들은 깨트려졌고
너의 시간은 더 이상
나를 위해 흐르지 않는다
지난날의 시간 속에서
멈춰있는 나를 불러본다
이제 그만 우리의 시간에서 나와
너의 시간을 찾아가라고

문득 그리워질 때

문득 옛사랑이 그리운 날이 있어요

길을 걸어가다가
세수를 하다가
커피를 마시다가
청소를 하다가

갑자기 아무렇지 않게
그렇게 그리워지는 날 말이에요

그런데 당신이 그리운 게 아니라
그때 사랑받던 내가
행복해하던 시간들이 그리운 것 같아요

오늘은 문득 그때가 그리웠어요
그 사랑을 다시는 느낄 수 없을 테니
그리움만 커져가네요

이별의 끝을 놓지 못하고

꿈에서라도 만나고 싶은 너
잠들기 전 너 생각으로 가득 채우지만
그 꿈에서도 너를 찾을 수가 없다

내일은 내 꿈에 찾아오지 않을까
한없이 기다려보지만
너는 정말 나를 떠나갔나 보다
기다려도 기다려도
꿈에서도 만날 수 없는 걸 보면

청보리 스치는 소리가 들려올 때

사월이 찾아오면

봄바람과 함께
청보리 스치는 소리가 들려오고
우리가 사랑했던 그때가 그리워진다

청보리가 익어가기 전에
사월이 지나가기 전에
스쳐가도 좋으니
다시 너를 한 번만 보고 싶다

봄이 익어가는 소리에
네가 그립고 그립다

시간에 그리운 널 보내듯이
나의 사월을 너에게 보낸다

너의 목소리

오늘은 너에게 전화하고 싶었다
너의 공간에서 들려올 목소리
아무 말 못 하고 듣기만 할 테지만
그저 나를 불러주던 그 목소리가
다시 듣고 싶었다
너에게 전화할까 봐 지워버린 번호
기억에 남아있는 숫자들도
하나씩 잊어버리려
눈물로 바람으로 흘려보냈는데
나는 정말로 그 숫자들을
남기지 않고 다 보냈나 보다
전화하고 싶어도
기억에 남아 있지 않아
숫자들을 연결하지 못했다
잘 지낼 테지만 잘 지내는지
듣고 싶던 그 목소리는
이제 더는 들을 수 없게 되었다

예고 없이

예고 없이 떠오른 기억에
내 감정은 통제할 수 없게 되었다

나의 동의도 없이
왜 다시 찾아왔는지
그 기억들이 밉기만 하다

지금 충분히
깊은 슬픔에 아파했으니
원망하지 않을 테니

이제 다시는
예고 없이 떠오르지 말아라

꽃아, 이대로 지지 말아다오

시들어가는 꽃아
내 곁에 조금만 더 머물러 다오

너에게서 벗어나지 않는 햇빛과
내 사랑이 녹아내린 물을
나의 온기가 닿은 바람을
가져다줄 테니

내가 보는 앞에서
그렇게 힘없이 시들어 가지 말아다오

작은 돌멩이 하나에

요즘 우리의 흔한 다툼은
작은 돌멩이 하나에 넘어진 듯하다
이유의 크기는 달라도
상처는 똑같이 남아있다
우리의 사랑이 시작되었을 때라면
아무 일 아니라는 듯
사랑에 둘러싸여 돌멩이들은
다 녹아내렸을 텐데
이제는 작은 돌멩이 하나에도 넘어진다
상처가 남은 자국은 지워지지 않고
바라볼 때마다 마음도 아려온다
우리의 사랑이 시작되었을 때처럼
다시 내 마음에도 불 피우듯
사랑을 지펴본다
우리 앞의 작은 돌멩이 다시 녹아내리도록
서로에게 더 이상 상처 내지 않게
사랑으로 둘러싸이기를 바란다

가로등 불빛 아래에서

가로등 불빛 아래에 서면
마음이 편안해집니다
눈부시게 밝진 않지만
은은하게 비춰주는 불빛이
참 좋습니다

길을 걷다가 가로등 불빛에
사로잡힐 때면
누군가를 기다리는 것처럼
가던 길을 잠깐 멈춰봅니다

기다릴 사람은 없지만
기다리고 있는 시간이
가로등 불빛에 서 있는 동안은
외롭지 않습니다

널 찾으러 올게

밤이 길어지기 전
노을빛으로 연하게 물든 하늘
그 하늘에 오롯이 떠 있는 저녁달

혼자 남겨진 듯한 모습이
낯설지 않아 네 곁을 서성이며
혼자가 아니라고 너에게 속삭여

점점 밤이 길어져도
너는 어둠에 약해지지 않고
빛을 잃어버리지 않기를 바라

내일도 그다음 날도
연한 저녁 하늘에서
널 찾으러 올게

혼자 길을 걷는 것

혼자 길을 걷는 것을 좋아합니다

누군가와 같이 걸어갈 때는
보고 느낄 수 없는 것들을
천천히 찾아갈 수 있거든요

평소에 걸음이 빠르지 않은데
함께 걸음 속도를 맞추며
빠르게 걷지 않아도 되고

떠다니는 조각들에 대한
시답지 않은 이야기들을 풀지 않아도 돼요

오래도록 걷고 싶은 날은
나만의 길로 돌아서 돌아서
걷고 싶을 때까지 걸어갈 수도 있어요

함께 걸어갈 때가 좋을 때도 있지만
가끔은 혼자 길을 걷고 싶어요

시간 사이의 빈틈

틈이 보이지 않는 시간 속에서
커피의 향이 그윽하게 가득 채워지면
창문으로 들어온 햇살에 시선이 머뭅니다
커피가 입에 닿고 남아있지 않을 때까지
잠시 가만히 쉬어봅니다
커피는 나에게 시간과 시간 사이의
빈틈을 내어줍니다
끝없는 목적지에 약속이라도 한 듯
걸어나가는 나에게
시간을 멈춰 쉬어가게 합니다

내일도 그 시간 사이의 빈틈이 기다려집니다

호숫가에서

잔잔한 호수 물결에 닿은 햇살
바람에 함께 날아온 연한 꽃잎 하나
나뭇잎이 스치듯 전해주는 속삭임
호수 끝자락에서 물길질하는 오리들
반짝이는 물빛 따라 걸어가는 연인

고즈넉한 호숫가에서
눈에 담고 싶은 것들을
한참 바라보고 바라봅니다

선인장

하얀 화분에 진한 초록색의
선인장을 하나 샀습니다

햇빛이 잘 비치지는 않지만
물 주는 것을 가끔 깜빡할 수도 있지만
그래도 한번 키워보고 싶었습니다

참고 잘 견디는 어떻게든 살아가는
선인장이 나와 닮은 것 같았거든요

무심한 주인을 닮은 선인장은
어느새 초록 잎 위에
연한 연두색을 띄우며
자라나고 있었습니다

티 내지는 않지만 조용히
가시가 있는 것처럼 보이지만 가시가 아닌
조금 척박해도 견디며 살아가는
우리는 그렇게 닮아 있었습니다

외로운 밤

하고 싶은 이야기
잊어버리기 전에 누군가에게
들려주고 싶었어요

하지만 들어줄 사람이 없네요
은은한 조명 아래 벽에 기대어
하고 싶었던 이야기들
마음속에서 꺼내보아요

내 이야기 들어줄 사람 없지만
누군가의 눈빛처럼
누군가에게 기댄 것처럼

나는 은은한 조명 아래
든든한 벽에 기대어 있으니
외로운 밤이지만
아주 외롭지는 않아요

학교 앞 문방구

하교 시간이면 학교 앞
문방구에 들러 백원 이백원 하는
불량식품을 사 먹곤 했다

하나씩 꺼내 먹으며 집으로 가는 길
먹다 보면 금세 집 앞이었다

어린 날의 기억에 남아있던
하굣길 소소한 행복
지금은 사라지고 없는
학교 앞 허름한 문방구

문방구의 냄새
불량식품들
집으로 걸어가던 길
어린 날의 옛집

그리운 어린 날의 모습들에
그리움 하나 더 얹어놓았다

빈 방

빈 방에서 혼자 끝없이
울고 또 울었습니다

무엇이 나를 그렇게 슬프게 하는지
이유도 알 수 없는 슬픔에 잠겨
울고 또 울었습니다

마음속으로 울어도 소리 내어 울어도
슬픔은 사라지지 않았습니다

한참을 울다 바라본 거울에 비친 내 모습은
눈물에 젖어 사라져 가는 얼굴이었습니다

그 슬픈 얼굴이 너무 마음이 아파서
스스로를 다독이고
나는 너를 사랑한다고 속삭였습니다

내가 나를 사랑한다고 사랑해 줄 거라고
그렇게 슬퍼하지 말라고 사라지지 말라고

애쓰고 있는 너에게

오늘 하루도
어제보다
애썼으니 되었다

굉장한 일을 한 건 아니어도
작은 일 하나라도
애썼으니 되었다

시간이 지나고 되돌아볼 때
나 자신에게 부끄럽지 않게
애썼으니 되었다

내가 지난날의 나에게
전하고 싶다

애썼으니 되었다

그 길의 중심에서

당신의 뒤에 서 있을 때는
그 희생이 당연한 거라고
당신이 짊어진 짐의 무게는
무겁지 않다고 생각했습니다

하지만 당신의 앞으로 나와보니
그동안 보이지 않았던 것들이 보이고
점점 더 커져만 가는 희생과
짊어져야 할 짐들이 늘어났습니다

이제 내가 그 길의 중심에 서보니
당신의 보이지 않던 끝없는 희생과
짊어진 짐을 감당하기 위해
얼마나 괴로웠을지를 알게 되었습니다

그때 이 마음을 헤아렸다면 참 좋았을 텐데
이제야 알게 되니
그 긴 인내의 시간을 보낸
당신에게 미안한 마음뿐입니다

모두를 위해 견뎌내고 버려내 준
당신에게 가슴 깊이 고마운 마음 전합니다

당신이 걸어왔던 것처럼
지금의 나도 당신처럼 견뎌내고 싶습니다

가을 오후의 산책

한가로운 가을 오후의 시간
원 없이 쏟아지는 햇빛
사르르 어디에선가 불어오는 바람
지나가는 아이들의 웃음소리
바람 따라 손 흔드는 코스모스
거리마다 떨어져 있는 가을 나뭇잎들
나뭇가지마다 앉아 있는 잠자리
발걸음을 옮기며 느끼는 작은 여유

의미 있는 삶

나는 매일 무언가의
일들에 쌓여있고
그 일들을 헤쳐나간다
나에게 주어지는 것들이
작은 것이든 큰 것이든
의미 없는 일은 없다
아무것도 해내지 못한 것 같은
하루들도 모여지면
커다란 의미였음을
그때만 몰랐을 뿐
내가 살아가고 숨 쉬고 있는
모든 시간과 지나가는 나날들은
크고 작은 의미들로 연결되어 있다
어떠한 일도 의미 없는 일은 없으며
난 의미 있는 삶을 살아가고 있다

안갯속 미로

작은 세상에 살아온 내가
너에게는 커다란 세상을
보여 주어야 한다

물을 무서워하는 내가
너에게는 거센 파도를
이겨내게 도와주어야 한다

마음이 여린 내가
너에게는 강하고 단단해져야 함을
이야기해 주어야 한다

길을 찾지 못하는 내가
너에게는 길을 찾을 수 있는
방법을 알려주어야 한다

부족하고 작은 나지만
너에게는 그럴 수 없다

너와 함께 해야 할
내 앞의 모든 것들이
안갯속 미로 같은 형태이지만
나는 자욱한 안개를 걷어내고
미로를 더듬어 헤쳐나가야 한다

나 너에게 주고 싶은 것들

나 너에게 주고 싶은 것들은

널 닮은 어여쁜 꽃 하나
해변가 잔잔한 물결
주말 오후 같은 여유로움
여행의 시작 같은 하루
뭉게구름 같은 포근함
은은하게 피어나는 향기
너를 밝혀 줄 햇빛 달빛 별빛

또 어떤 것들이 있을까

너에게 닿으면
행복해질
그 모든 것들
나 너에게 주고 싶어

마중

해가 넘어가려
하늘이 노랗게 물들어 갈 때면
나는 너를 마중 나간다

네가 좋아하는 저녁을 차려놓고
너의 하루 이야기를 기다리며
나는 너를 마중 나간다

잠시 떨어져 있어도
온통 너 생각뿐이었지만
집으로 돌아오는 너로
더 가득 채우고 싶어서
나는 너를 마중 나간다

너를 맞이하고
우리가 함께 보내는 저녁시간이
앞으로 그리 길지는 않겠지만
함께 할 수 있는 시간 동안 빠짐없이
나는 너를 마중 나간다

오늘도 살아줘서 고마워

정혜원

시인의
말

세상이 나를 버리고 모두가 나를 떠난다고 하여도
나는 나를 아껴주고 보듬어 안아주려고 합니다.

나를 제일 잘 아는 사람은 누가 뭐래도 나예요.
그대의 마음을 제일 잘 아는 사람 또한 그대겠죠.

마음이 괴롭고 생각이 많아지는 그런 날이면
잠시 모든 걸 다 내려놓아도 됩니다.

나의 부족하고 서툰 이 짧은 글들이
그대의 상처 입은 가슴에 작은 위로가 되길 바라며.

오늘도 버텨줘서 고맙습니다.
오늘도 살아줘서 고맙습니다.
그대는 그대여서 사랑입니다.

너와 나 사이

다른 게 더 많겠지만
서로 사랑하는 마음은
부디 같아지기를

모르는 게 더 많겠지만
서로 알아가는 마음을
부디 간직하기를

이해 안 되는 게 있겠지만
서로 이해하는 마음을
부디 잊지 말기를

세월이 흐르고 흘러도
시드는 사랑이 아닌
익어가는 사랑을 하기를

너와 나 그 사이에는
서로 사랑하는 마음만
부디 남겨두기를

복

타고난 복 좋다한들
쌓는 복에 미치리오

가진 복도 불평하면
있던 복도 사라지네

쓸데없는 욕심들은
허영심만 들게 하고

불필요한 생각들은
의구심만 들게 하네

가진 것에 감사하면
감사할 일 생겨나고

살아가며 짓는 복이
타고난 복 뛰어넘네

선택과 후회

OMR카드와 수정테이프처럼
선택과 후회의 연속이었다

시간 내에 제출해야 하는
정답지를 손에 든 채

불안함과 설렘을 교차하는
롤러코스터를 타는 것만 같았던

내 어린 날의 추상

내비게이션이 필요해

어디로 가야하나요
얼마나 가야하나요

이정표도 없어요
신호등도 없구요

우회전을 하면 되나요
좌회전을 하면 되나요

후진은 안 되겠죠
직진은 혹 되나요

알려주는 사람도 없고
알려주는 신호도 없어

지금 좀 필요해요, 내비게이션
지금 좀 알려줘요, 내비게이션

사랑만이

우리에겐 말야 버려야 할 게 있어
서로를 미워하고 서로를 오해하는
그런 마음들은 버려야 하지 않을까

우리에겐 말야 버려야 할 게 있어
누구를 질투하고 누구를 시비하는
그런 마음들은 버려야 하지 않을까

우리에겐 말야 가져야 할 게 있어
서로를 사랑하고 서로를 이해하는
그런 마음들을 가져야 하지 않을까

오직 사랑만이 필요하지 않을까

흐림 뒤 맑음

안개가 걷히고
숨었던 해가
고개를 빼꼼

장마가 멈추고
빛나는 해가
손길을 스윽

슬펐던 어제를
시원히 잊고
기쁘게 방긋

우울한 과거는
가슴에 묻고
덤덤히 안녕

지나간 일들은
미련도 없이
웃으며 안녕

숨

숨을 쉬었어요
들숨 그리고 날숨

당연하게 여겼던
이 반복되는 호흡이

오늘은 왠지 그냥
벅차도록 고맙네요

들숨을 마시며
모자란 마음 채우고

날숨을 내쉬며
지쳤던 마음 비워요

행복은 어딘가에 숨은 게 아니구나
행복은 날마다 내게 주어지는 구나

숨 쉴 수 있어 참 행복한 삶이구나

떠나자 , 함께

오늘 좀 힘들었어
뭐 어제도 그랬지만
매일 보는 풍경이 살짝 질리려고 해

너는 지금 뭐해? 혹시 시간은 있어?
잠깐 얘기 좀 하자 , 같이 떠나는 얘기

우리 좀 힘들었잖아
우린 꽤 바빴었어
좀처럼 여유도 없고 기댈 곳도 없었지

이번 주말에 뭐해? 혹시 약속은 없어?
너만 괜찮다면 우리 함께 떠나자

여기서 잠시 벗어나 어디론가 가자 , 함께

저 푸른 초원의 그림 같은 집이 아녀도

가끔 그런 생각을 해요
당신과 내가 함께 사는

저 푸른 초원 위에다 그림 같은 집을 지을까요

저 푸른 초원이 아녀도
그림 같은 집이 아녀도

나는 괜찮을 것 같아요
나는 살 만할 것 같아요

당신과 함께할 수 있다면
당신이 내 곁에만 있다면

우리가 사랑한다면
서로를 아껴준다면

그 어디라도 좋다고
언제라도 행복하다고

너와 함께라면

고단한 세상이지만 너와 함께라면
점점 괜찮아지는 기분이 들어

외로운 세상이지만 너와 함께라면
점점 충만해지는 기분이 들어

따분한 세상이지만 너와 함께라면
점점 유쾌해지는 기분이 들어

급급한 세상이지만 너와 함께라면
점점 느긋해지는 기분이 들어

어떠한 세상이라도 너와 함께라면
나는 구순해지는 기분이 들어

너를 기다리며

매일 괜찮지 않을지도 몰라
때론 세찬 바람도 불겠지

그래도 나는 괜찮으려고 해
그래도 나는 씩씩하려고 해

너를 기다리는 시간은
내가 가장 행복한 시간이거든

너를 기다리는 시간이
나는 세상 제일 재미있거든

그래서 나는 기다리려고 해
그래서 나는 사랑하려고 해

매일 괜찮지 않아도 괜찮아
세찬 바람 불어온다 하여도

처음처럼 널 사랑해

너와 처음 만났던 그 날을 넌 기억하니
우리 서로 몰랐었던 그 날 오후의 첫 약속

너의 수줍은 미소와 어색한 걸음에
나도 모르게 미소를 짓기도 했었어

너는 내가 좋다고 했어
나도 네가 좋다고 했어

네가 날 좋아하는 건 어쩜 당연하지 않아
내가 널 좋아하는 건 어쩜 당연한 게 아냐

처음 그 마음을
처음 그 모습을

영원히 간직할게
영원히 사랑할게

사랑

세상에서 가장 예쁜 말
그대에게 들려주고 싶습니다

세상에서 가장 멋진 풍경
그대에게 보여주고 싶습니다

세상에서 가장 환한 빛
그대에게 안겨주고 싶습니다

세상에서 가장 포근한 품
그대에게 내어주고 싶습니다

세상에서 가장 사랑하는 그대
사랑이라는 단어도 부족한 그대

하지만 세상에 통용되는 말로
내 마음을 전하고자 합니다

그대를 많이 사랑합니다

하루살이

간절히 원했었던 밤
구슬피 울었었던 밤

누구도 찾아주지 않고
아무도 반겨주지 않아

살아보려 발버둥치고
날아보려 날갯짓해도

앞으로 나아가지 않아
좀처럼 좋아지지 않아

내일은 오늘보다 나을까
내일은 지금보다 좋을까

하루를 살아도 힘차게 살고파
하루만 살아도 기쁘게 살고파

이 또한 내 삶이니까
이 또한 내 길이니까

별들의 행진

우리는 가고 있어
각자의 길을

결국엔 만날 거야
길의 끝에서

지금의 행복도
순간일 뿐야

지금의 슬픔도
잠깐일 뿐야

막연한 두려움
품고는 있지만

그래도 우리는
가야만 할 거야

언젠가 우리는
하나가 되겠지

소중한 너(사실은 나에게 하고픈 말)

괜찮아 미움 좀 받았지만
너는 그대로도 충분히 잘 하고 있어

괜찮아 사랑 좀 못 받았지만
너는 그대로도 충분히 잘 하고 있어

괜찮아 너는 그대로도 소중해
괜찮아 너는 그대로도 사랑스러워

이 세상 누구보다도 소중한 너
이 세상 누구보다도 사랑스러운 너

너를 응원한다
너를 사랑한다

잘 할 수 있다
잘 살 수 있다

자화상

매일 보아도 새롭다
매일 보아도 낯설다

내가 보는 나의 모습이
내가 맞는 걸까 싶고

내가 아는 나의 모습이
내가 맞는 걸까 싶다

가끔 숨기고도 산다
가끔 속이고도 산다

매일 보아도 새롭다
매일 보아도 낯설다

내가 아는 나는
내가 또 아니다

사필귀정

언젠가는
그래 언젠가는

우리 지금의 숱한 고민도
아무렇지 않을 그런 날
반드시 오게 될 거야

언젠가는
그래 언젠가는

힘든 이 시련과 고통도
웃으면서 추억할 그런 날
반드시 오게 될 거야

언젠가는
그래 언젠가는

너와 나의 어색한 사이도
살얼음 녹듯이 녹는 그런 날
반드시 오게 될 거야

당당하게 걸어가요

기죽어 있지 말고
어깨는 곧게 펴요

숙인 고개는 들고
눈치는 그만 봐요

주변은 의식 말고
앞을 똑바로 봐요

지나간 어제는 잊고
내일을 향해 걸어가요

실수에 자책 말고
다시 또 도전해 봐요

축 처진 걸음 멈추고
이젠 당당하게 걸어가요

무심

아무 생각도 하기 싫다
아니 사실 생각이 사라졌으면

아무 감정도 갖기 싫다
아니 사실 감정이 사라졌으면

아무 생각도 하기 싫은 건 아니다
아니 사실 좋은 생각만 남았으면

아무 감정도 갖기 싫은 건 아니다
아니 사실 좋은 감정만 남았으면

우리는

우리는 이렇게 사랑하자
오해보다는 이해를 하며

우리는 이렇게 사랑하자
단절보다는 소통을 하며

우리는 이렇게 사랑하자
나보다는 너를 생각하며

우리는 이렇게 사랑하자
싸우더라도 안부는 물으며

우리는 이렇게 사랑하자
토라지더라도 금방 웃으며

우리는 이렇게 사랑하자
주는 것에 더 행복을 느끼며

우리는 이렇게 사랑하자
오늘이 마지막 날인 것처럼

삶이라는 선물

내게 주어진 생명
내게 주어진 인생

매일 불평만 할 수는 없어
매일 원망만 할 수는 없어

어제 죽은 이가 그렇게도
간절하게 원하고 바랐을

오늘은 나는 살고 있잖아
오늘이 내게 주어졌잖아

선물처럼 오늘을 살아보자
감사하게 오늘을 살아내자

죽지 못해 살진 않나요

하루하루가 힘들죠
뜻대로 되는 일 많이 없고

하루하루가 외롭죠
아무도 마음 알아주지 않고

하루하루가 바쁘죠
어딜 향해 가는 지도 모르고

하루하루가 그렇죠
무엇을 위해 이렇게 사나 싶고

죽고 싶을 때도 많겠죠
죽지 못해 살진 않나요

하루하루가 지치겠지만
하루하루가 벅차겠지만

살아야 할 이유가 있기에
살게 하는 누군가 있기에

Love myself

거울에 비친 내 모습이
예뻐 보이지 않을 때
그럴 때가 있었어

나도 모르게 남과 나를
비교하며 한없이 작아질 때
그럴 때가 있었어

그럴 때마다 난 외쳤어

"사랑한다 , 내 자신아."
"예쁘다 , 내 자신아."
"고맙다 , 내 자신아."

뜨거운 눈물 흘리는
내면아이와의 포옹으로

마침내 나는
나를 사랑하게 되었어

무소유

열 달 인고의 끝에
빛을 마주하였다

굳게 쥔 두 주먹과
긴 탯줄 하나 들고서

세상에선 무엇이 있어야 하나요?

가진 것 없이 이 세상 와서
가지지 못 한 채 저 세상 가는데

세상에선 무엇을 가져야 하나요?

모든 별들에게

걱정하지 말아라
곧 괜찮아 질테니

슬퍼하지 말아라
좀 아프고 말테니

후회하지 말아라
다 경험이 될테니

기쁘기만 하여라
넌 소중한 존재니

웃으면서 살아라
너 자격이 있으니

나누면서 살아라
다 귀하디 귀하니

현실과 이상

헤엄을 치네
이 현실 속을

나아가고 나아가도
보이지 않는 나의 이상

뒤돌아보니 저만치 내 꿈들이 흩어져 나부낀다

현실은 이상을 좇을 수 없어서
이상은 현실과 닮을 수 없어서

헤엄을 치네
이 현실 속을

Identity

내가 아는 내가
진짜 내가 맞을까

내가 아는 네가
진짜 네가 맞을까

하루에도 몇 번이나
바뀌는 우리의 모습

죽기 전엔 알 수 있을까
죽어서도 모르지 않을까

내가 아는 나는
나이기도 하고
또 내가 아니다

네가 아는 너도
너이기도 하고
또 네가 아니다

산다는 건

산다는 건 꽤
괜찮은 일이지 않을까

보고싶은 너를
이렇게 두 눈으로 보니까

산다는 건 꽤
설레는 일이지 않을까

사랑하는 너와
이렇게 손잡으며 가니까

산다는 건 꽤
놀라운 일이지 않을까

하나뿐인 너와
이렇게 한평생을 사니까

산다는 건 그렇더라
힘들지만 참 아름답더라

태어난 이유

지금 당장 되는 게 없어도
영원히 안 되는 게 아니잖아

크게 잘 하는 게 없다고 해도
아무 것도 못 하는 게 아니잖아

남들은 다 잘 나가듯이 보여도
겉모습에 불과한 건지 모르잖아

때론 죽고 싶은 맘이 든다고 해도
진짜로 죽고 싶었던 적은 없었잖아

아직 나의 때가 오지 않은 것일 뿐
약간 실패를 맛봐도 괜찮을 거잖아

내가 진짜 이 세상에 온 이유는
가슴 뛰는 일을 하기 위해서란 걸 알잖아

무지개

내 마음 속에
작은 무지개 하나 떴다

세차게 그리고 쉴 새 없이
내리는 비가 지나고 나니

어느새 무지개 활짝 폈다

아 , 이 비는 분명
행운의 비였으리라

무지개를 불러오는
행운의 비

열등감

네 모습이 어때서 그래
왜 비교만 하고 있는 거야

너도 충분히 아름다운데 왜
질투하며 어두워만 지는 거야

괜찮아 네 모습 그대로도 예뻐
괜찮아 네 모습 그대로도 멋져

네 모습이 어때서 그래
왜 자책만 하고 있는 거야

너도 충분히 사랑스러운데 왜
시기하며 우울해만 하는 거야

괜찮아 네 모습 그대로도 예뻐
괜찮아 네 모습 그대로도 멋져

바람

나의 바람은
그리 큰 바람이 아녜요

나의 바람은
그저 당신이 행복한 것

나의 바람은
그저 당신이 아프지 않은 것

우리 바람은
그리 큰 바람이 아녜요

우리 바람은
그저 우리가 행복한 것

우리 바람은
그저 우리가 아프지 않은 것

그런 바람이 불기를
나는 바라고 바라요

호접지몽

잠이 들었다
꿈을 꾸었다

내가 아닌 듯
또 내가 나인 듯

누가 꿈을 꾸는가
내가 꿈을 꾸는가

나는 꿈에 있는가
나는 내가 맞는가

여긴 현실이 맞나
아님 꿈속에 있나

꿈에서 깨면
어디로 가는 건가

꿈을 꾸면
어디로 가는 건가

안 되는 것도 되는 거야

마음처럼 일이 되지 않고
마음대로 맘이 되지 않아

할 수 있다고 다짐을 하고
포기는 없다고 다짐을 해

남들은 저만치 달려가는데
나만 제자리걸음인 듯 해

그래도 자책은 안 할 거야
그래도 실망은 안 할 거야

누구나 다 때가 있는 거잖아
실패는 성공의 어머니라잖아

지금 안 되는 내 모습도
나중엔 추억으로 웃어넘길 거잖아

사랑한day

매일이 기다려진다
너를 만난 이후로

따분한 일상은 점점
설레는 순간이 되었고

어려운 일들도 이젠
가볍게 넘기게 되었다

너를 사랑한 이후로
나는 달라지고 있다

너를 처음 만났던day
나는 바로 반했었데이

너를 많이 사랑한데이
네가 많이 보고싶데이

동생에게

지난 날을 구태여
후회하지는 말아라

그래도 네가 지금
오늘을 살아가잖니

먼 미래를 구태여
걱정하지는 말아라

그래도 네가 있어
오늘도 존재하잖니

울고 싶을 땐 울고 다시 일어나면 돼
세상이 널 버려도 나는 널 응원한다

너는 너의 속도로 묵묵히 가면 돼
너의 소중한 삶을 네가 만들 수 있어

Suddenly

우리 이렇게 하루를 즐겁게
함께 보내고 헤어지더라도

내일 어쩌면 우리가 다시는
서로 만나지 못 할 수도 있어

그렇게 우리는 어느 날 갑자기
작별의 인사도 하지 못 한 채

영원한 안녕을 할 수도 있어
영원한 이별을 할 수도 있어

인생은 영원한 게 아니잖아
사랑은 영원한 게 아니잖아

근데 우리는 이상하더라
영원할 듯 살고 있더라

근데 우리는 어리석더라
영원할 듯 사랑하더라

지치고 힘든 날

지치고 힘든 날에도
웃음은 잃지 않아요

지치고 힘든 날이라
생각이 더 많이 나요

지치고 힘든 날에는
곁에 있어 주고 싶어요

지치고 힘든 날이면
위로를 해 주고 싶어요

그런 날이면 그대를
그런 날에도 그대를

그만큼 많이 걱정하니까
그만큼 많이 사랑하니까

오늘도 살아줘서 고마워

안 좋은 감정들이
널 흠뻑 적셨던 날에는

아무도 만나기 싫고
어디론가 떠나고 싶었을 거야

우울한 생각들이
널 온통 뒤엎은 날에는

모든 걸 다 내려놓고
혼자만 있고 싶었을 거야

얄미운 사람들이
널 계속 괴롭힌 날에는

서러움에 목이 메고
소리 내어 울고 싶었을 거야

많이도 힘들었을 네가 오늘따라 더 고맙기만 하다
여지껏 견뎌왔을 네가 진심으로 난 고맙기만 하다